Kl. 9c

Sabine Utheß

deutsch.kombi plus 9/10

Arbeitsheft

Rechtschreibung/Grammatik/Ausdruckstraining

Ernst Klett Verlag
Stuttgart · Leipzig

Vorwort

Liebe Schülerin, lieber Schüler!

Mit diesem Arbeitsheft kannst du dich für deine Abschlussprüfung im Fach Deutsch sprachlich fit machen. Es bietet viele Möglichkeiten, um Rechtschreibung, Grammatik und Ausdruck zu üben und zu verbessern. Dadurch ist es auch für alle anderen, schriftlichen Prüfungen nützlich. Mit Blick auf die Prüfungen steht dabei das Überarbeiten von fertig geschriebenen Texten im Vordergrund.

Im ersten Teil des Heftes findest du kurze Übungskapitel zu den wichtigsten Rechtschreib- und Grammatikthemen. Diese haben immer einen bestimmten Schwerpunkt, so kannst du zielgerichtet wiederholen, wenn du bei einem Thema Schwierigkeiten hast. Mit den Lösungen in der Mitte des Heftes kannst du die Aufgaben selbstständig kontrollieren.

Im zweiten Teil des Heftes hast du die Möglichkeit, an vielen verschiedenen Beispielen das Überarbeiten von Texten zu trainieren. Zudem hast du immer Platz, um selbst ein vollständiges Textbeispiel zu schreiben. Auf diese Weise übst du alle wichtigen Textarten prüfungsgerecht ein.

Genauso wie im Schulbuch deutsch.kombi plus stehen am Ende des Arbeitsheftes Merkekästen. Hier sind die wichtigsten sprachlichen Begriffe und Regeln noch einmal zusammengefasst. So kannst du direkt nachschlagen, wenn du dir unsicher bist.

Insgesamt ist also alles versammelt, was du zu Rechtschreibung, Grammatik, Ausdruck und Stil wissen und können musst.
Das Team von deutsch.kombi plus wünscht dir viel Spaß und viel Erfolg!

Inhalt

RECHTSCHREIBUNG

GRAMMATIK

ZEICHENSETZUNG

AUSDRUCK UND STIL

KORREKTUR VON PRÜFUNGSAUFSÄTZEN

Zu flüchtig!

1 Lies, wie eine Schülerin das Gedicht „Abends am Fenster“ beschrieben hat. Leider sind ihr ziemlich viele Flüchtigkeitsfehler unterlaufen (insgesamt 14). Unterstreiche sie und schreibe das Wort jeweils richtig an den Rand.

Das Gedicht „Abens am Fenster“ von Hans Herbert Ohms stellt Betrachtungen und Gefühle des lyrischen Ich dar. Diese entstehen, als es am Abend am Fenster steht und auf die Stadt blick. Das lyrische Ich, ich vermute, dass es eine junge Frau ist, wohnt in einer Großstadt, und zwar an einer viel befahren Straße. Am Tag kann man kaum das Fenster öffnen, weil dann viel zu viel Lärm von PKW, Bahnen, Lastern, Bussen und Fliegern sowie vom Alltagslärm dieser Stadt ins Zimmer dringen würde.

Die junge Frau genießt es offensichtlich sehr, abens, wenn sich alles beruhigt hat, am Fenster zu stehen und ein bisschen zu träumen. Sie ist ein gefühlvoller Mensch. Sie wohnt, so schätze ich, allein im Zimmer und sieht abens die beleuchten Fenster in den gegenüberstehenden Wohnblocks. Die junge Frau ist naturverbunden; der Vollmond macht sie fast ein wenig sentimental.

Das Gedicht besteht aus sieben Stropen mit je vier Verse. Es wird in allen Strophen der Kreuzreim verwendet. Auffällig sind die zahlreichen Personifizierung. So wird die laute Großstadt als „Polterstadt“ bezeichnet. Die Lichter der Häuserblocks sind „gelbe Fenstersterne“, die Lichter der Autos „Autoblitze“, und die Reklame im Dunken wird als „blaue Worte und ein Bild darüber“ benannt. Um eine Personifikation handel es sich auch, wenn gesagt wird: „Unten schläft die Straße ein.“ Durch die bildhafte Sprache kann man sich den Anblick der abenlichen Großstadt, durch den das lyrische Ich sogar zum Träumen angeregt wird, gut vorstellen. Mir gefällt das Gedicht sehr gut.

deutsch.kombi plus 9, S. 290; 10, S. 313

2 Lies, wie ein Schüler seine Textbeschreibung zur Kurzgeschichte „Die drei dunklen Könige" von Wolfgang Borchert eingeleitet hat. Leider sind auch ihm ziemlich viele Flüchtigkeitsfehler unterlaufen (insgesamt 14). Unterstreiche sie und schreibe das Wort jeweils richtig an den Rand.

In der Kurzgeschichte „Die drei dunklen Könige" beschreit der Autor Wolfgang Borchert die Situation der Menschen in der Zeit nach der Zweiten Weltkrieg, vor allem das damals herrschende Elent. Die Handlung stellt einen kurzen Auschnitt aus dem Leben einer erbärmlich armen Familie dar. Mitten in der Situation von Hunger, Kälte und Elend ist ihr Kind geboren worden. Durch die ganze Geschichte zieh sich die Betrachtung des eben geboren Kindes in der ersten Stunde nach der Geburt. Nachdem der Vater mit einem Stück Holz zu seiner Frau und dem Baby zurückgekehrt ist, bitten drei kriegsgeschädite Männer um Einlass, um sich kurz aufzuwärmen. Man erfährt von den grausam Schicksalen der drei Fremden im Krieg. Bevor sie gehen, schenken sie der Familie etwas Tabak, zwei Bonbons und einen holzgeschnizten Esel. Das ist wenig, aber sehr viel, wenn man bedenkt, dass diese Habseligkeitn alles waren, was sie besaßen. Die Anwesenheit der „drei dunklen Könige" hat der Mann und seine Frau für kuze Zeit auf andere Gedanken gebracht. Am Ende fällt der Mutter ein, dass Weihnachten ist. Das Kind ist der Mittelpunkt in der Geschichte, das dem Leben der Familie neuen Lebensmut gib und beide durch sein gesunden, kräftigen Schrei glücklich macht.

3 Ordne die Flüchtigkeitsfehler aus den Texten den beiden Fehlerarten zu.

Falsche Endungen:

Fehlende Buchstaben im Wort:

4 Schreibe weitere Arten von Flüchtigkeitsfehlern auf, die du kennst.

«» deutsch.kombi plus 9, S. 290; 10, S. 313

Zum Träumen und Genießen

1 Lies den Text, den ein Schüler in der Prüfung verfasst hat. Vierzehn Wörter sind fälschlicherweise kleingeschrieben. Unterstreiche diese Wörter.

In dem Gedicht „Spätsommerabend" von Louis Fürnberg wird die stimmung des lyrischen ichs an einem späten sommerabend thematisiert. Offensichtlich ist es mit dem Tag zufrieden, sitzt zum träumen im Garten und genießt den zauberhaften abend.

Das Gedicht besteht aus drei Strophen mit je vier Versen. Es wird in allen Strophen der Kreuzreim verwendet. Das Gedicht ist in einer sehr einfachen Sprache geschrieben; vorherrschend sind knappe Sätze, meist nur über einen Vers reichend. Dadurch sind alle aussagen klar und verständlich.

Ein auffälliges Stilmittel ist die Personifikation: Der Wind wiegt die Äpfel, die Rosen träumen, der Sommerfaden spinnt, die Sonne färbt Zaun und Haus und die Wiese atmet aus. Durch die Naturbeschreibung entsteht der eindruck einer friedlichen atmosphäre und einer großen verbundenheit des lyrischen ichs mit der Natur. Überhaupt steht die Naturbeschreibung im vordergrund, während die Zufriedenheitsgefühle und -stimmungen des lyrischen ichs eher in den hintergrund treten. Ich selbst kann mir gut vorstellen, wie man an einem lauen spätsommerabend im Garten sitzt, vielleicht in einer Hollywoodschaukel liegt und voller Zufriedenheit ausspannt und sich ausruht.

2 Schreibe die unterstrichenen Wörter mit einem Artikel und/oder einer Präposition in richtiger Schreibweise auf. Füge ein Attribut zum Substantiv/Nomen hinzu.

die gute Stimmung,

3 Finde zu jedem dieser Suffixe drei Substantive/Nomen, die das betreffende Suffix als Nomensignal haben.

-heit | -keit | -ung | -nis | -schaft | -er/-erin

Verbundenheit

deutsch.kombi plus 9, S. 70; 10, S. 99

4 Setze die passenden Wörter/Wortgruppen ein. An einigen Stellen gibt es mehrere Möglichkeiten.

~~für Alt und Jung~~ | beim Alten | Arm und Reich | im Einzelnen | im Nachhinein | im Übrigen | im Voraus | auf Deutsch | im Großen und Ganzen | im Allgemeinen

1. Das ist eine Tätigkeit *für Alt und Jung*.
2. ______________ war alles ok.
3. Es bleibt alles ______________.
4. ______________ möchte ich nicht alles verraten.
5. Herzlichen Dank ______________!
6. ______________ heißt das „Danke".
7. Das betrifft ______________ gleichermaßen.
8. ______________ sehe ich das auch so.
9. ______________ stimmt's, aber ______________ muss man noch einmal jeden Punkt prüfen.

5 Setze die Pronomen in der richtigen Groß- und Kleinschreibung ein.

1. Ich möchte mich in *Ihrem* (IHREM) Unternehmen um einen Ausbildungsplatz als Werkzeugmechaniker bewerben.
2. Aus ________ (IHREM) Prospekt habe ich entnommen, dass ________ (IHRE) Firma junge motivierte Leute sucht, die ______ (IHR) Wissen und Können in ______ (IHR) Unternehmen einbringen wollen.
3. Ich bin an einer Ausbildung in ________ (IHREM) Betrieb interessiert und schicke ________ (IHNEN) meine Bewerbungsunterlagen. Sie finden ______ (SIE) in der Anlage.
4. Ich weiß, dass die Aufgaben in ________ (IHREM) Betrieb hohe Anforderungen an die Auszubildenden stellen, denke aber, dass ich ________ (IHNEN) gerecht werden kann.
5. Sie schreiben, dass bei ________ (IHNEN) junge Leute auch schon während ________ (IHRER) Ausbildung Verantwortung übernehmen können. Das gefällt mir besonders an ________ (IHREM) Angebot.

«» deutsch.kombi plus 9, S. 70; 10, S. 99

Katharina die Große

1 Bilde mit jedem Begriff einen kurzen Satz. Schreibe die Begriffe dabei in der richtigen Groß- und Kleinschreibung auf.

im ERSTEN DEUTSCHEN FERNSEHEN *Der Film wurde im Ersten Deutschen Fernsehen gezeigt.*

die SÄCHSISCHE SCHWEIZ

im ZWEITEN WELTKRIEG

die ROTE KARTE

im STILLEN OZEAN

der REGIERENDE BÜRGERMEISTER

2 Schreibe alle Wörter in der richtigen Groß- und Kleinschreibung auf.

eine GELBE KARTE, eine GELBE BLUSE, das DEUTSCHE THEATER in Berlin, DEUTSCHE SCHÜLER, in der ERSTEN KLASSE, im ERSTEN WELTKRIEG, die SCHWÄBISCHE ALB, die SCHWÄBISCHE KÜCHE, die HOLSTEINISCHE SCHWEIZ, die HOLSTEINISCHE KÜSTE, die SÄCHSISCHE MUNDART, die SÄCHSISCHE SCHWEIZ

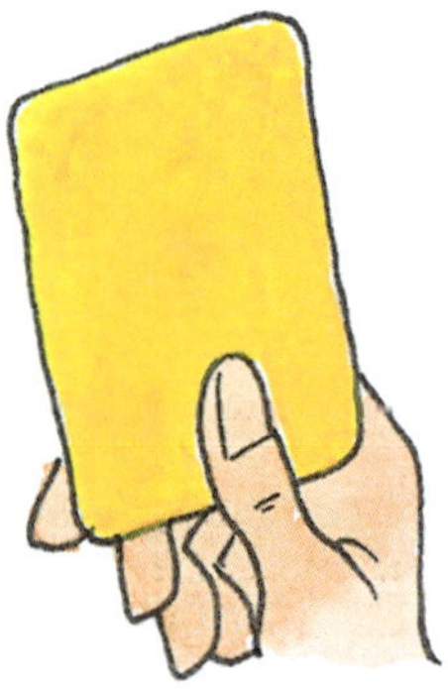

deutsch.kombi plus 9, S. 69; 10, S. 99

3 Trage die folgenden Namen von Straßen, Plätzen und Gebäuden in die Tabelle ein.

Dorfstraße | Friedrich-Schiller-Platz | Langer Weg | August-Bebel-Straße | Am Stechberg | Goethestraße | Brandenburger Platz | Stuttgarter Platz | Mozartstraße | Am Alten Kloster | Lieselotte-Herrmann-Schule | Franz-Schubert-Straße | Amalienbrunnen

zusammengeschrieben	getrennt geschrieben	mit Bindestrich geschrieben

4 Schreibe für jede Schreibweise je zwei Namen von Straßen, Plätzen oder Gebäuden aus deinem Wohnort auf.

5 Schreibe für jeden Personennamen beide Schreibweisen auf. Erkläre den Unterschied zwischen den beiden Schreibweisen.

Katharina die Große	*die große Katharina*
Friedrich der Schöne	
	der kahle Karl
August der Starke	

Der Unterschied ist

«» deutsch.kombi plus 9, S. 69; 10, S. 99

Eine außergewöhnliche Geschichte

1 Lies den Schülertext und unterstreiche alle Wörter, bei denen das Dehnungs-h unhörbar ist und durch Verlängern und Ableiten nicht hörbar wird. (16 Wörter)

„Lauf, Junge, lauf!" ist ein berührendes Buch über Flucht und Verfolgung. Der Autor Uri Orlev erzählt vom ungewöhnlichen Schicksal eines achtjährigen jüdischen Jungen. Die Vorlage dafür ist seine eigene Lebensgeschichte.
Srulik Friedman ist zusammen mit seinen Eltern in das Warschauer Getto deportiert worden. Dort verliert er nach kurzer Zeit seine Familie und muss für sich selbst sorgen. Er ist ungefähr neun, als ihm schließlich die Flucht aus dem Warschauer Getto gelingt und er sich bis zum Ende des Krieges allein durch die Wälder schlägt. Er erlebt Unglaubliches, trifft Menschen, die ihm helfen, und solche, die ihn verraten. Das Buch liest sich wie ein Abenteuerroman, denn abenteuerlich ist es schon, wie die Jungenbanden in den polnischen Wäldern sich von Beeren und Schnecken ernähren, wie sie Wäsche von den Leinen und Kartoffeln von den Feldern stehlen. Und abenteuerlich klingt es auch, wenn des Nachts die Hunde auf der Suche nach dem flüchtigen Jungen durch den Wald rasen, der sich zitternd auf einer Astgabel zusammenkauert.
Wer solch einen harten Überlebenskampf überstehen will, der muss von einer unerhörten Willenskraft und Gefühlsstärke sein. Srulik ist von Kind an schon sehr aktiv, kommunikativ aufgeschlossen, aber auch pfiffig, einfallsreich und kühn. Er ist von außergewöhnlich großer gefühlsmäßiger Stärke und Härte, gibt niemals auf, auch wenn sein Überleben oft an einem seidenen Faden hängt und nur durch eine Reihe glücklicher Zufälle möglich wird. Zugleich ist er auch körperlich „ein harter Kerl". Er lernt von einem Bauernmädchen, wie man Vögel fängt und in Lehm bäckt, er bringt sich selbst bei, wie man mit einer Schleuder Eichhörnchen erlegt, er übt, auf Bäumen zu schlafen – immer von der Angst verfolgt, aufgegriffen und ausgeliefert zu werden. Er wird verraten von Dorfbewohnern, die auf eine Belohnung setzen.
Durch sein bewunderungswürdiges Agieren in allen Lebenslagen ist er dem Leser beim Schmökern immer mehr ans Herz gewachsen.

2 Wörter mit unhörbarem **h** musst du dir merken. Dieses kommt nur vor **l**, **m**, **n** und **r** vor. Überprüfe diese Behauptung anhand der von dir unterstrichenen Wörter im Text.

deutsch.kombi plus 9, S. 290

3 Trage in die Tabelle alle Wörter mit Dehnungs-h aus dem Text (Aufgabe 1) ein.

hl	hm	hn	hr
erzählt	*ihm*	*ungewöhnlichen*	*achtjährige*

4 Setze die richtigen Wörter in die Sprichwörter ein. Ordne diese anschließend in die Tabelle aus Aufgabe 3 ein.

1. Mühsam ____________ sich das Eichhörnchen.
2. Sie unternimmt nichts. Sie ist eine ____________ Ente.
3. Da hat sie ihm einen Floh ins ____________ gesetzt.
4. Er ist der einzige Mann in der Gruppe. Er ist der ____________ im Korb.
5. Er ist ein prima Kerl. Mit ihm kann man Pferde ____________.
6. Ich habe mit ihr noch ein ____________ zu rupfen.
7. Er hat mich hinters Licht ____________.

5 Schreibe jeweils die in Klammern angegebene Zahl von Reimwörtern mit Dehnungs-h auf.

Hahn · Hohn · kahl · Kahn · Kohl · lahm · Mahl · mehr · Mohn
Pfahl · Sohn · Stahl · Strahl · Wahl · wahr · wohl · zahm · Zahn

-hn-

1. Bahn (3) ____________
2. Lohn (3) ____________

-hl-

3. Zahl (6) ____________
4. hohl (2) ____________

«» deutsch.kombi plus 9, S. 290

-hm-

5. Rahm (2) ______

-hr-

6. Jahr (1) ______

7. sehr (1) ______

6 Suche die sechs Wortfamilien, die hier vermischt wurden. Ordne die einzelnen Wörter passend zu.

nehmen	sehnlichst	Nährstoff	Empfehlung	gewöhnen	genehm
sehnsuchtsvoll	empfehlen	vernehmen	Gewohnheit	empfohlen	
Gefahr	gefährlich	benehmen	gewohnt	Sehnsucht	Gefahrenzone
ernähren	empfahl	Tiernahrung	nahrhaft	Genehmigung	
Gewöhnung	Gewohnheitsrecht	genehmigen	sehnsüchtig	Ernährung	
sehnen	Nahrungsmittel	gewöhnlich	Gefahrenherd	empfiehlt	
Gefährdung	Nahrung	empfehlenswert	gefährden		

1. nehmen, ______

______

2. ______

______

3. ______

______

4. ______

______

5. ______

______

6. ______

______

«» deutsch.kombi plus 9, S. 87; 10, S. 181

7 Suche zu den Wortstämmen mindestens fünf Wörter. Bilde mit jeweils zwei Wörtern pro Wortstamm einen Satz.

1. -fühl- *fühlen,* ______

______

______

2. -zähl- ______

______

______

3. -wohn- ______

______

______

4. -rühm-/-ruhm- ______

______

______

5. -fahr-/-fähr-/-fuhr- ______

______

______

8 Schreibe zu jedem Verb das entsprechende Substantiv/Nomen und verwende dieses in einem Satz.

erfahren – *die Erfahrung* ______

______

verjähren – ______

______

ahnen – ______

______

mahnen – ______

______

erzählen – ______

______

Ein Schulfach gegen Stress

1 Sprich die Wörter mit s-Laut so deutlich, dass man hören kann, ob das **s** stimmhaft oder stimmlos ist. Entscheide, welcher Satz (1–6) auf die entsprechenden Wörter zutrifft. Schreibe die Ziffer jeweils hinter das Wort.

1. Ein stimmloses **s** klingt scharf und zischend, z. B. Stress, weiß, Eis, löst.
2. Ein stimmhaftes **s** klingt weich und sanft, z. B. lose, böse.
3. Das **s** am Wort- und Silbenende wird immer stimmlos gesprochen, z. B. Preis, er las, Glas (durch Verlängern kannst du es stimmhaft machen: Preise, sie lesen, Gläser).
4. Nach einem kurzen Vokal schreibt man das stimmlose **s** als **ss**, z. B. Stress, hässlich.
5. Nach einem langen Vokal schreibt man das stimmlose **s** als **ß**, z. B. Fuß, Gruß.
6. Nach **au**, **äu**, **eu**, **ei** schreibt man das stimmlose **s** als **ß**, z. B. wenn das **s** beim Verlängern stimmlos bleibt, z. B. Strauß, heiß (Sträuße, heißer).

Haus (___), draußen (___), losfahren (___), heißen (___), Maus (___), Hass (___), Biss (___),
Rose (___), Saft (___), Risiko (___), Beweis (___), Hals (___), Laus (___), fließen (___),
er weiß (___), Fels (___), Reise (___), sie löst (___), Kuss (___), Gras (___), bisschen (___)

2 Setze die richtigen Buchstaben in den Text ein: **s**, **ss** oder **ß**.

Ein Schulfach gegen Stress

Unterricht ohne Zensuren, das gibt es wirklich: Er hei___t Achtsamkeitstraining und steht in einigen deutschen Schulen auf dem Stundenplan.

Der Kla___enlehrer legt Nabila einen Ei___würfel auf die Handfläche. „Ei___igkalt!“, sagt sie sofort und fa___t mit einer Hand die andere. Es wäre normal, wenn sie jetzt das Ei___ fallen lie___e. Doch Nabilas Aufgabe i___t es, den Würfel in der Hand zu behalten. Sie konzentriert sich ganz darauf, wie sich das Ei___ anfühlt: sehr kalt, glitschig, es tut auch ein bi___chen weh. Dabei versucht sie, an nichts anderes zu denken. Gar nicht so leicht.

Zusammen mit ihrer Schulkla___e sitzt Nabila im Krei___. Was sie hier machen, hat nichts mit Mathe oder Deutsch zu tun. Die Neuntklä___ler lernen etwas anderes: Achtsamkeit. Erst wenn man sich nicht ablenken lä___t, sinkt der Stre___, und Probleme können gelö___t werden.

«» deutsch.kombi plus 9, S. 47; 10, S. 98

deutsch.kombi plus 9/10

Lösungen zum Arbeitsheft
Rechtschreibung/Grammatik/Ausdruckstraining

Seite 6

Aufgabe 1:

Das Gedicht „Abens am Fenster" von Hans Herbert	Abends
Ohms stellt Betrachtungen und Gefühle des lyri-	
schen Ich dar. Diese entstehen, als es am Abend am	Ichs
Fenster steht und auf die Stadt blick. Das lyrische	blickt
Ich, ich vermute, dass es eine junge Frau ist, wohnt	
in einer Großstadt, und zwar an einer viel befahren	befahrenen
Straße. Am Tag kann man kaum das Fenster öffnen,	
weil dann viel zu viel Lärm von PKW, Bahnen, Las-	PKWs
tern, Bussen und Fliegern sowie vom Alltagslärm	
dieser Stadt ins Zimmer dringen würde.	
Die junge Frau genießt es offensichtlich sehr, abens,	abends
wenn sich alles beruhigt hat, am Fenster zu stehen	
und ein bisschen zu träumen. Sie ist ein gefühl-	
voller Mensch. Sie wohnt, so schätze ich, allein im	
Zimmer und sieht abens die beleuchten Fenster in	abends, beleuch-
den gegenüberstehenden Wohnblocks. Die junge	teten
Frau ist naturverbunden; der Vollmond macht sie	
fast ein wenig sentimental.	
Das Gedicht besteht aus sieben Stropen mit je vier	Strophen
Verse. Es wird in allen Strophen der Kreuzreim ver-	Versen
wendet. Auffällig sind die zahlreichen Personifizie-	Personifizie-
rung. So wird die laute Großstadt als „Polterstadt"	rungen
bezeichnet. Die Lichter der Häuserblocks sind „gel-	
be Fenstersterne", die Lichter der Autos „Autoblitze",	
und die Reklame im Dunken wird als „blaue Worte	Dunkeln
und ein Bild darüber" benannt. Um eine Personi-	
fikation handel es sich auch, wenn gesagt wird:	handelt
„Unten schläft die Straße ein." Durch die bildhafte	
Sprache kann man sich den Anblick der abenlichen	abendlichen
Großstadt, durch den das lyrische Ich sogar zum	
Träumen angeregt wird, gut vorstellen. Mir gefällt	
das Gedicht sehr gut.	

Seite 7

Aufgabe 2:

In der Kurzgeschichte „Die drei dunklen Könige"	
beschreit der Autor Wolfgang Borchert die Situation	beschreibt
der Menschen in der Zeit nach der Zweiten Welt-	dem
krieg, vor allem das damals herrschende Elent. Die	Elend
Handlung stellt einen kurzen Auschnitt aus dem	Ausschnitt
Leben einer erbärmlich armen Familie dar. Mitten	
in der Situation von Hunger, Kälte und Elend ist ihr	
Kind geboren worden. Durch die ganze Geschichte	
zieh sich die Betrachtung des eben geboren Kindes	zieht, geborenen
in der ersten Stunde nach der Geburt. Nachdem der	
Vater mit einem Stück Holz zu seiner Frau und dem	
Baby zurückgekehrt ist, bitten drei kriegsgeschädite	kriegsgeschä-
Männer um Einlass, um sich kurz aufzuwärmen.	digte
Man erfährt von den grausam Schicksalen der drei	grausamen
Fremden im Krieg. Bevor sie gehen, schenken sie der	
Familie etwas Tabak, zwei Bonbons und einen holz-	
geschnizten Esel. Das ist wenig, aber sehr viel, wenn	holzgeschnitzten
man bedenkt, dass diese Habseligkeitn alles waren,	Habseligkeiten
was sie besaßen. Die Anwesenheit der „drei dunklen	
Könige" hat der Mann und seine Frau für kuze Zeit	den, kurze
auf andere Gedanken gebracht. Am Ende fällt der	
Mutter ein, dass Weihnachten ist. Das Kind ist der	
Mittelpunkt in der Geschichte, das dem Leben der	
Familie neuen Lebensmut gib und beide durch sein	gibt, seinen
gesunden, kräftigen Schrei glücklich macht.	

Aufgabe 3:

Falsche Endungen: Ich, blick, befahren, PKW, beleuchten, Verse, Personifizierung, handel; der, Elent, zieh, geboren, grausam, der, gib, sein

Fehlende Buchstaben im Wort: Abens, abens, Stropen, Dunken, abenlichen; beschreit, Auschnitt, kriegsgeschädite, holzgeschnizten, Habseligkeitn, kuze

Aufgabe 4: (Beispiellösung)

Mögliche weitere Flüchtigkeitsfehler sind: Buchstabendreher, überzählige Buchstaben, vergessene Wörter, überzählige Wörter.

Seite 8

Aufgabe 1:

In dem Gedicht „Spätsommerabend" von Louis Fürnberg wird die stimmung des lyrischen ichs an einem späten sommerabend thematisiert. Offensichtlich ist es mit dem Tag zufrieden, sitzt zum träumen im Garten und genießt den zauberhaften abend.

Das Gedicht besteht aus drei Strophen mit je vier Versen. Es wird in allen Strophen der Kreuzreim verwendet. Das Gedicht ist in einer sehr einfachen Sprache geschrieben; vorherrschend sind knappe Sätze, meist nur über einen Vers reichend. Dadurch sind alle aussagen klar und verständlich.

Ein auffälliges Stilmittel ist die Personifikation: Der Wind wiegt die Äpfel, die Rosen träumen, der Sommerfaden spinnt, die Sonne färbt Zaun und Haus und die Wiese atmet aus. Durch die Naturbeschreibung entsteht der eindruck einer friedlichen atmosphäre und einer großen verbundenheit des lyrischen ichs mit der Natur. Überhaupt steht die Naturbeschreibung im vordergrund, während die Zufriedenheitsgefühle und -stimmungen des lyrischen ichs eher in den hintergrund treten. Ich selbst kann mir gut vorstellen, wie man an einem lauen spätsommerabend im Garten sitzt, vielleicht in einer Hollywoodschaukel liegt und voller Zufriedenheit ausspannt und sich ausruht.

Aufgabe 2:

die gute Stimmung, das häufige lyrische Ich, der schöne Sommerabend, das sanfte Träumen, der milde Abend, die deutlichen Aussagen, der erste Eindruck, die friedliche Atmosphäre, die große Verbundenheit, im unmittelbaren Vordergrund, im dunklen Hintergrund, der schöne Spätsommerabend

Aufgabe 3:
-heit: Verbundenheit, Geborgenheit, Sicherheit
-keit: Traurigkeit, Richtigkeit, Verlässlichkeit
-ung: Richtung, Leitung, Anwendung
-nis: Gleichnis, Erlaubnis, Ereignis
-schaft: Gemeinschaft, Bruderschaft, Wissenschaft
-er/erin: Pfleger, Bäckerin, Schneiderin

Seite 9

Aufgabe 4: (Beispiellösung)
1. Das ist eine Tätigkeit für Alt und Jung. 2. Im Großen und Ganzen war alles ok. 3. Es bleibt alles beim Alten. 4. Im Übrigen möchte ich nicht alles verraten. 5. Herzlichen Dank im Voraus! 6. Auf Deutsch heißt das „Danke". 7. Das betrifft Arm und Reich gleichermaßen. 8. Im Nachhinein sehe ich das auch so. 9. Im Allgemeinen stimmt's, aber im Einzelnen muss man noch einmal jeden Punkt prüfen.
Aufgabe 5:
1. Ich möchte mich in Ihrem Unternehmen um einen Ausbildungsplatz als Werkzeugmechaniker bewerben. 2. Aus Ihrem Prospekt habe ich entnommen, dass Ihre Firma junge motivierte Leute sucht, die ihr Wissen und Können in Ihr Unternehmen einbringen wollen. 3. Ich bin an einer Ausbildung in Ihrem Betrieb interessiert und schicke Ihnen meine Bewerbungsunterlagen. Sie finden sie in der Anlage. 4. Ich weiß, dass die Aufgaben in Ihrem Betrieb hohe Anforderungen an die Auszubildenden stellen, denke aber, dass ich ihnen gerecht werden kann. 5. Sie schreiben, dass bei Ihnen junge Leute auch schon während ihrer Ausbildung Verantwortung übernehmen können. Das gefällt mir besonders an Ihrem Angebot.

Seite 10

Aufgabe 1: (Beispiellösung)
Der Film wurde im Ersten Deutschen Fernsehen gezeigt.
Unsere Reise in die Sächsische Schweiz war schön.
Er ist im Zweiten Weltkrieg gefallen.
Der Schiedsrichter zeigte ihm die Rote Karte.
Sie flog zu einer Insel im Stillen Ozean.
Der Regierende Bürgermeister von Berlin ist auch anwesend.
Aufgabe 2:
eine Gelbe Karte, eine gelbe Bluse; das Deutsche Theater in Berlin, deutsche Schüler; in der ersten Klasse, im Ersten Weltkrieg; die Schwäbische Alb, die schwäbische Küche; die Holsteinische Schweiz, die holsteinische Küste; die sächsische Mundart, die Sächsische Schweiz

Seite 11

Aufgabe 3:

zusammengeschrieben	getrennt geschrieben	mit Bindestrich geschrieben
Dorfstraße Goethestraße Mozartstraße Amalienbrunnen	Langer Weg Am Stechberg Brandenburger Platz Stuttgarter Platz Am Alten Kloster	Friedrich-Schiller-Platz August-Bebel-Straße Franz-Schubert-Straße Lieselotte-Herrmann-Schule

Aufgabe 4: (individuelle Schülerlösung)
Aufgabe 5:

Katharina die Große	die große Katharina
Friedrich der Schöne	der schöne Friedrich
Karl der Kahle	der kahle Karl
August der Starke	der starke August

Der Unterschied ist: Auf der linken Seite gehört das Adjektiv zum Namen dazu und wird deswegen großgeschrieben. Auf der rechten Seite beschreibt das Adjektiv das Nomen/Substantiv genauer und wird deswegen kleingeschrieben.

Seite 12

Aufgabe 1: Siehe Tabelle zu Aufgabe 3
Aufgabe 2:
Die Behauptung lässt sich bestätigen, da sie auf alle Wörter aus Aufgabe 1 zutrifft.

Seite 13

Aufgabe 3 + 4:

hl	hm	hn	hr
erzählt	ihm	ungewöhnlichen	berührendes
stehlen	ihm	ihn	achtjährigen
Gefühlsstärke	Lehm	kühn	ungefähr
gefühlsmäßiger	lahme	außergewöhnlich	ernähren
stehlen		Dorfbewohnern	sehr
		Belohnung	mehr
		Hahn	ernährt
		Hühnchen	Ohr
			geführt

Aufgabe 4:
1. Mühsam ernährt sich das Eichhörnchen.
2. Sie unternimmt nichts. Sie ist eine lahme Ente.
3. Du hast sie ihm einen Floh ins Ohr gesetzt.
4. Er ist der einzige Mann in der Gruppe. Er ist der Hahn im Korb.
5. Er ist ein prima Kerl. Mit ihm kann man Pferde stehlen.
6. Ich habe mit ihr noch ein Hühnchen zu rupfen.
7. Er hat mich hinters Licht geführt.

Aufgabe 5:
-hn-
1. Bahn: Hahn, Kahn, Zahn
2. Lohn: Hohn, Mohn, Sohn

-hl-
3. Zahl: kahl, Mahl, Pfahl, Stahl, Strahl, Wahl
4. hohl: Kohl, wohl

-hm-
5. Rahm: lahm, zahm

-hr-
6. Jahr: wahr
7. sehr: mehr

Seite 14

Aufgabe 6:
1. **nehmen**, genehm, vernehmen, benehmen, Genehmigung, genehmigen
2. **empfehlen**, Empfehlung, empfohlen, empfahl, empfiehlt, empfehlenswert
3. **gewöhnen**, Gewohnheit, gewohnt, Gewöhnung, Gewohnheitsrecht, gewöhnlich
4. **Gefahr**, gefährlich, Gefahrenzone, Gefahrenherd, Gefährdung, gefährden
5. **ernähren**, Nährstoff, Tiernahrung, nahrhaft, Ernährung, Nahrungsmittel
6. **sehnen**, sehnlichst, sehnsuchtsvoll, Sehnsucht, sehnsüchtig

Seite 15

Aufgabe 7: (Beispiellösung)
1. **-fühl-** fühlen, Gefühl, fühlbar, feinfühlig, gefühllos, Fühler, Fühlung
Ich habe dabei kein gutes Gefühl. In diesem Beruf muss man sehr feinfühlig sein.
2. **-zähl-** zählen, Zahl, Zählung, zahlenmäßig, Zahlenschloss, Zähler, zahllos, zahlreich, Zahltag, Zahlung, zahlungskräftig, Zahlwort, zahlungswillig
Es kamen zahlreiche Besucher. Die Zahlung ist morgen fällig.
3. **-wohn-** wohnen, Wohnung, Wohngebäude, Wohngemeinschaft, Wohnviertel, Wohnblock, wohnhaft, Wohnmobil, Wohnort, Wohnsitz, Wohnzimmer, wohnlich
Das Apartment ist sehr wohnlich. Mein Wohnort gefällt mir sehr gut.
4. **-rühm-/-ruhm-** rühmen, berühmt, rühmenswert, ruhmreich, vielgerühmt, rühmlich, Ruhm
Wir trafen den berühmten Schriftsteller. Wer hat diesen ruhmreichen Kampf gewonnen?
5. **-fahr-/-fähr-/-fuhr-** fahren, Fähre, fuhr, Gefährt, Fuhre, Fahrer/in, Fahrt, Fahrerflucht, Fahrrad, Fahrgeld
Die Klassenfahrt findet nächste Woche statt. Er beging Fahrerflucht.

Aufgabe 8: (Beispiellösung)
erfahren – die Erfahrung: Sie konnte viel Erfahrung sammeln.
verjähren – die Verjährung: Aufgrund der Verjährung muss er nicht ins Gefängnis.
ahnen – die Ahnung: Ich habe davon keine Ahnung.
mahnen – die Mahnung: Sie erhielt schon die dritte Mahnung.
erzählen – die Erzählung: Ich kenne diese Erzählung nicht.

Seite 16

Aufgabe 1:
Haus (3), draußen (6), losfahren (3), heißen (6), Maus (3), Hass (4), Biss (4), Rose (2), Saft (2), Risiko (2), Beweis (3), Hals (3), Laus (3), fließen (5), er weiß (6), Fels (3) Reise (2), sie löst (1), Kuss (4), Gras (3), bisschen (4)

Aufgabe 2:
Ein Schulfach gegen Stress
Unterricht ohne Zensuren, das gibt es wirklich: Er heißt Achtsamkeitstraining und steht in einigen deutschen Schulen auf dem Stundenplan. Der Klassenlehrer legt Nabila einen Eiswürfel auf die Handfläche. „Eisigkalt!", sagt sie sofort und fasst mit einer Hand die andere. Es wäre normal, wenn sie jetzt das Eis fallen ließe. Doch Nabilas Aufgabe ist es, den Würfel in der Hand zu behalten. Sie konzentriert sich ganz darauf, wie sich das Eis anfühlt: sehr kalt, glitschig, es tut auch ein bisschen weh. Dabei versucht sie, an nichts anderes zu denken. Gar nicht so leicht.
Zusammen mit ihrer Schulklasse sitzt Nabila im Kreis. Was sie hier machen, hat nichts mit Mathe oder Deutsch zu tun. Die Neuntklässler lernen etwas anderes: Achtsamkeit. Erst wenn man sich nicht ablenken lässt, sinkt der Stress, und Probleme können gelöst werden.

Seite 17

Aufgabe 3:
Sich auf das Wesentliche konzentrieren
Durch Übungen wie die mit dem Eiswürfel in der Hand lernen die Schülerinnen und Schüler, sich auf das zu konzentrieren, was sie im Moment gerade tun. Für Nabila bedeutet das: Sie versucht, nicht über das Wochenende nachzudenken, das gerade vorbei ist. Auch nicht daran, dass sie bald eine Mathearbeit schreiben werden.
Forscher haben herausgefunden, dass viele Dinge uns Menschen stressen, ohne dass wir sie wahrnehmen. Ein Beispiel: Man hat schlechte Laune, ohne dass man weiß, warum genau. Es könnte am neuen Lehrer liegen, mit dem man nicht klarkommt – oder auch an einem Streit mit dem besten Freund vor ein paar Tagen. Erst wenn man erkennt, dass das an diesem oder jenem Umstand liegt, sinkt der Stress, und Probleme können gelöst werden. Deshalb sollen bereits Schülerinnen und Schüler lernen, dass sie sich selbst gegenüber aufmerksam sein müssen.
In Amerika wird Achtsamkeit schon seit vielen Jahren an Schulen trainiert. Studien haben gezeigt, dass sich die Lage mithilfe dieses Unterrichts verbessert, dass Schülerinnen und Schüler weniger aggressiv werden, dass sie seltener im Unterricht fehlen, dass sie besser lernen und zufriedener sind. Wissenschaftler wollten nun wissen, ob das auch in Deutschland funktioniert. Sie beschlossen: Das probieren wir aus. Die bisherigen Ergebnisse zeigen, dass die Schülerinnen und Schüler sich wohler fühlen, weniger gestresst sind und besser mit Streit und Problemen umgehen können, dass sie sich besser konzentrieren können und gesünder sind.

Seite 18

Aufgabe 4:
1. Schritt: Die Füße stehen parallel und weisen nach vorn. Die Hände liegen auf den Knien. Dabei sich großmachen und den Rücken gerade aufrichten, das Becken ein bisschen nach vorn strecken. Der Hals muss die Verlängerung der Wirbelsäule sein. Die Augen sind geschlossen.
2. Schritt: Jetzt alles ausblenden und die Aufmerksamkeit bloß auf den Atem richten. Beim Atmen von eins bis vier zählen.

1. Schritt: Ganz gerade stehen. Die Füße stehen parallel und etwa schulterbreit. Jetzt das Gewicht auf das linke Bein verlagern.
2. Schritt: Das rechte Bein so weit hochheben, dass man gerade noch stehen kann. Viermal ein- und ausatmen.
3. Schritt: Die Arme hochheben und viermal ein- und ausatmen.

1. Schritt: Aufrecht stehen, die Füße schulterbreit.
2. Schritt: Ganz langsam die Arme an der Seite nach oben wandern lassen. Die Handflächen weisen dabei nach oben.
3. Schritt: Beim Ausatmen den Oberkörper nach vorn fallen lassen. Kopf und Arme müssen hängen bleiben.
4. Schritt: Langsam wieder aufrichten.

1. Schritt: Die Schultern nach unten fallen lassen. Der Kopf muss gerade gehalten werden. Ein Bein vorstellen und das Gewicht nach vorn verlagern.
2. Schritt: Arme nach vorn strecken, so dass sie in einer Linie mit dem hinteren Bein sind. Die Handflächen zeigen zueinander. Diese Stellung für eine Weile halten.

Seite 19

Aufgabe 5:
Zeugnis – Zeugnisse, Globus – Globusse (oder Globen), Iltis – Iltisse, Omnibus – Omnibusse, Hindernis – Hindernisse, Atlas – Atlasse (oder Atlanten), Ereignis – Ereignisse, Ergebnis – Ergebnisse, Gefängnis – Gefängnisse

Aufgabe 6:

Infinitiv	finite (gebeugte) Verbformen	Substantiv/Nomen
fließen	sie fließt, sie floss	der Fluss, das Floß
heißen	sie heißt, sie hieß	–
beißen	sie beißt, sie biss	der Biss
büßen	sie büßt, sie büßte	die Buße
gießen	sie gießt, sie goss	der Guss
messen	sie misst, sie maß	die Messung, das Maß

Aufgabe 7:
1. bis oder Biss?
Der Schlangenbiss heilte lange nicht. Sie wartete, bis er anrief.
2. fast oder fasst?
Er fasst kräftig mit an. Er wäre fast umgefallen.
3. hast oder hasst?
Hast du das auch gehört? Hasst du das genauso wie ich?
4. ist oder isst?
Sie isst gerne Schokolade. Er ist nicht begeistert.

Seite 21

Aufgabe 2:
1c), 2a), 3e), 4f), 5b), 6d)

Aufgabe 3: (Beispiellösung)
implantieren: Implantation, Implantat
konzentrieren: Konzentration, konzentriert
reagieren: Reaktion, reaktiv
experimentieren: Experiment, experimentell
integrieren: Integration, integrativ

Aufgabe 4:
1e), 2f), 3a), 4c), 5d), 6b)

Seite 22

Aufgabe 5: (Beispiellösung)
Antibiotikum, Antibabypille; Synapse, Synthese; Maximum, maximieren; Minimum, minimieren; international, Intercity; Kilogramm, Kilowatt.

Aufgabe 6:
Repräsentant, Kapellmeister, Musikkritiker, Romantik, kritische, fantasiereicher, Normalität, Fiktion, Realität, Genre

Aufgabe 7: (Beispiellösung)
-ie: Strategie, Orthografie; -ist: Komponist, Kabarettist; -ik: Lyrik, Physik; -ion: Nation, Lektion; -tät: Nationalität, Realität; -ent: Präsident, Referent; -ant: Praktikant, Restaurant; -anz: Substanz, Arroganz; -enz: Intelligenz, Lizenz; -ment: Engagement, Establishment

Seite 23

Aufgabe 8: (Beispiellösung)
1. Theorie: theoretisch
2. Technologie: technologisch
3. Chirurgie: chirurgisch
4. Statistik: statistisch
5. Grammatik: grammatisch
6. Kritik: kritisch

Aufgabe 9:
1. operativ: Operation, operieren
2. organisatorisch: Organisation, organisieren
3. kommunikativ: Kommunikation, kommunizieren
4. funktional: Funktion, funktionieren
5. informell: Information, informieren
6. reaktiv: Reaktion, reagieren

Aufgabe 10:
Deutungshypothese
lyrisch
auktorial
Numerus
literarisch

Aufgabe 11:
Deutungshypothese: Eine Vermutung über die Kernaussage eines literarischen Textes.
lyrisch: Adjektiv zu „Lyrik", eine der drei Hauptgattungen der Literatur. Lyrik unterscheidet sich in ihrer Form stark von normaler Umgangssprache, z. B. durch Reime, Rhythmus und Metaphern.
auktorial: Eine Form des Erzählverhaltens. Der auktoriale Erzähler ist nicht an der Handlung beteiligt, sondern kommentiert sie von außen. Oft weiß er mehr als die einzelnen Figuren („allwissender Erzähler")
Numerus: Grammatische Größe. Sie beschreibt die Anzahl. Im Deutschen gibt es zwei Möglichkeiten: Singular und Plural.
literarisch: Adjektiv zu „Literatur". Allgemeiner Begriff für alle gedruckten Werke zu einem Thema. Meistens wird Literatur nur als Bezeichnung für fiktive, unterhaltende Werke gebraucht.

Seite 24

Aufgabe 2:
schiefgehen, einschalten, überfrachten, zusammentragen, hineinstopfen, ankommen, herausarbeiten, aufschreiben, vorstellen, wiederholen, hängenbleiben, vortragen, einschätzen, herunterrattern, ablesen, übertragen, mitlesen, zuhören, haftenbleiben, nachvollziehen, ankündigen, durchgehen, zusammenfassen

Seite 25

Aufgabe 3: (Beispiellösung)

Präsens	Perfekt
Es geht schief.	Es ist schiefgegangen.
Er schaltet das Radio ein.	Er hat das Radio eingeschaltet.
Sie überfrachtet den Vortrag.	Sie hat den Vortrag überfrachtet.
Wir tragen alles zusammen.	Wir haben alles zusammengetragen.
Warum stopft ihr alles hinein?	Warum habt ihr alles hineingestopft?
Er kommt dort an.	Er ist dort angekommen.
Sie arbeitet den Standpunkt heraus.	Sie hat den Standpunkt herausgearbeitet.
Du schreibst es auf.	Du hast es aufgeschrieben.
Ich stelle ihn vor.	Ich habe ihn vorgestellt.
Sie wiederholt alles.	Sie hat alles wiederholt.
Es bleibt länger hängen.	Es ist länger hängengeblieben.
Sie trägt es betont vor.	Sie hat es betont vorgetragen.
Wie schätzt du den Vortrag ein?	Wie hast du den Vortrag eingeschätzt?
Du ratterst es herunter.	Du hast es heruntergerattert.
Ein Nachrichtensprecher liest seinen Text von einem Monitor ab.	Ein Nachrichtensprecher hat seinen Text von einem Monitor abgelesen.
Zur Vorbereitung überträgt er seine Notizen in seinen Hefter.	Zur Vorbereitung hat er seine Notizen in seinen Hefter übertragen.
Lest ihr auch das mit, was auf den Folien steht?	Habt ihr auch das mitgelesen, was auf den Folien steht?
Bei dem langweiligen Vortrag hört niemand wirklich zu.	Bei dem langweiligen Vortrag hat niemand richtig zugehört.
Nichts bleibt haften.	Nichts ist haftengeblieben.
Sie vollzieht es nach.	Sie hat es nachvollzogen.
Er kündigt es schon an.	Er hat es schon angekündigt.
Ich gehe es erneut durch.	Ich bin es erneut durchgegangen.
Wir fassen alles zusammen.	Wir haben alles zusammengefasst.

Seite 26

Aufgabe 4:
1a) Bei guter Vorbereitung deines Referates wird es dir gelingen, frei zu sprechen.
1b) Liest du hingegen alles ab, kann man dich von der Schuld an der Langeweile der Zuhörer nicht freisprechen.
2a) Keine Angst, es wird schon gutgehen.
2b) Nach dem Beinbruch kann sie schon wieder gut gehen.
3a) Bei seinem Vortrag muss er sich richtig stellen.
3b) Zuerst muss ich etwas richtigstellen.
4a) Er musste ins Krankenhaus, nachdem er schwer gefallen war.
4b) Bei einem interessanten Thema wird dir ein interessantes Referat nicht schwerfallen.
5a) Du solltest bei deinem Vortrag nicht sitzen bleiben.
5b) Wenn du nicht lernst, wirst du sitzenbleiben.

Aufgabe 5:
1. Der Bau des Schlosses wurde im vorigen Jahr vollendet.
2. Er ist jede Nacht schlafgewandelt.
3. Die Sänger wetteifern um die Gunst des Publikums.
4. Sie schlussfolgerte, dass er gelogen hatte.
5. Die Bohrmaschine wurde unsachgemäß gehandhabt und ging dadurch kaputt.

Seite 27

Aufgabe 6: (Beispiellösung)
Am liebsten würde ich jetzt spazieren gehen.
Wir wollen am Sonntag schwimmen gehen.
Sie ist gerade einkaufen gegangen.
Sie haben lesen geübt.
Viele sind helfen gekommen.
Wir sind den ganzen Tag Rad gefahren.

Aufgabe 7: (Beispiellösung)
Zweifelsohne war er an der Sache beteiligt.
Die Schiffe fahren stromaufwärts und stromabwärts.
Tagsüber ist das Kind in der Kita.
Sie sprang kopfüber in das kühle Nass.
Er läuft täglich bergauf und bergab.

Aufgabe 8: (Beispiellösung)
Wir müssen feststellen, dass unser Zug heute nicht fährt. Wir müssen die Schrauben am Fahrrad wieder fest stellen.
Er kennt keine Gnade; er will ihn kaltstellen. Wir werden das Getränk kalt stellen.
Sie wollen den Gegner fertigmachen. Sie will die Arbeit erst noch fertig machen.

Seite 29

Aufgabe 2:

Präsens	Präteritum	Futur
erzählt, ist, schlägt vor, diskutiert, beschließt, greift auf, bleibt, beginnt	war (2x)	solle werden, wird umgehen, sein wird

Perfekt	Plusquamperfekt	Infinitiv
hat genommen, (hat) gestapelt, sind eingetroffen, eingesehen hat, gelernt hat	kritisiert hatte, hatte eingeladen	legen, helfen

Aufgabe 3:
du arbeitest – du arbeitetest, du denkst – du dachtest, du erschrickst/erschreckst – du erschrakst/erschrecktest, du isst – du aßest, du fährst – du fuhrst, du gehst – du gingst, du gewinnst – du gewannst, du heißt – du hießest, du kämpfst – du kämpftest, du musst – du musstest, du rätst – du rietest, du schimpfst – du schimpftest, du schläfst –

du schliefst, du schwitzt – du schwitztest, du sitzt – du saßt, du stellst – du stelltest, du wirfst – du warfst, du weißt – du wusstest

Seite 30

Aufgabe 4: Die Lösungen stehen in der Tabelle zu Aufgabe 2 und sind unterstrichen.

Aufgabe 5:
1. nehmen: er nimmt – er nahm – er hat genommen
2. sehen: er sieht – er sah – er hat gesehen
3. kommen: er kommt – er kam – er ist gekommen
4. aufgreifen: sie greift auf – sie griff auf – sie hat aufgegriffen
5. helfen: sie hilft – sie half – sie hat geholfen
6. besprechen: sie bespricht – sie besprach – sie hat besprochen
7. beschließen: er beschließt – er beschloss – er hat beschlossen
8. bleiben: sie bleibt – sie blieb – sie ist geblieben

Aufgabe 6: (Beispiellösung)
1. Er nimmt morgens eine Tablette. Er nahm morgens eine Tablette. Er hat morgens eine Tablette genommen.
2. Er sieht nichts. Er sah nichts. Er hat nichts gesehen.
3. Er kommt morgen. Er kam gestern. Er ist gestern gekommen.
4. Sie greift das Thema auf. Sie griff das Thema auf. Sie hat das Thema aufgegriffen.
5. Sie hilft beim Lernen. Sie half beim Lernen. Sie hat beim Lernen geholfen.
6. Sie bespricht die Klausur. Sie besprach die Klausur. Sie hat die Klausur besprochen.
7. Er beschließt zu gehen. Er beschloss zu gehen. Er hat beschlossen zu gehen.
8. Sie bleibt bei ihrer Meinung. Sie blieb bei ihrer Meinung. Sie ist bei ihrer Meinung geblieben.

Seite 31

Aufgabe 7:
In der Kurzgeschichte „Die Dicke der Haut" von Siegfried Lenz aus dem Jahr 1958 geht es um die Begegnung zwischen einem Masseur und einem sehr dicken Mann namens Brunswik, der nur an sein eigenes Wohlbefinden denkt und den es kaltlässt, als sein Hund qualvoll stirbt. Die Geschichte wird aus der Sicht des Masseurs erzählt. Er fährt vor dem Frühstück zum Haus von Brunswik, der sehr wohlhabend ist. Als der Masseur beginnt, den stark übergewichtigen Mann zu massieren, hört er das Jaulen eines Hundes. Brunswik reagiert darauf nicht, obwohl es sein eigener Hund ist. Er lässt das Tier einmal in der Woche für anderthalb Tage hungern. Auf diese Weise merke der Hund, dass Fressen nicht alles sei, außerdem tue das Hungern dem Hund gut. Auch als der Hund nicht mehr jault, denkt Brunswik nur an sein eigenes Wohlbefinden. Das Hausmädchen erscheint und verkündet, dass mit dem Hund etwas nicht stimme. Als der Masseur nachsieht, ist der Hund tot, er hat etwas Giftiges gefressen. Brunswik interessiert sich aber nur für sein eigenes Frühstück. Er bestellt den Masseur für den nächsten Tag wieder, dieser ist sich jedoch sicher, dass er nicht noch einmal kommen wird.

Seite 33

Aufgabe 2:
Kaffeeriecher
Bereits im 18. Jahrhundert entwickelte sich der Kaffee in Preußen zu einem Luxusgetränk. Er verleihe, so sagte man, einen wachen Kopf und scharfe Gedanken. Außerdem wurde er „Blitz gegen die Migräne" genannt, oder die „Milch der Schachspieler und Denker". Seit der aus Äthiopien stammende Strauch im Jemen angebaut wurde, gab es genug Nachschub. um alle Kaffeehäuser von Byzanz bis Bagdad damit zu versorgen.
Preußenkönig Friedrich Wilhelm I. half nach, und in Berlin wurden Kaffeehäuser an prominenten Standorten errichtet. Denn er erkannte: Mit Luxusartikeln ließ sich die Staatskasse füllen! So wurde zusammen mit Tee, Schokolade, Schaumwein und Fruchteis auch der Kaffee zum Luxusgut deklariert und entsprechend besteuert.
Ein neuer Geschäftszweig tat sich auf: Der Kaffeeschmuggel, der ja auch nicht sonderlich schwierig war. Durch die ungerösteten Bohnen wurde kein Geruch verbreitetet und selbst geringe Mengen waren für den Schmuggler lohnenswert. Auf Heukarren, auf Kohlekähnen, auf Holzfuhrwerken wurden die Kaffeebohnen unbemerkt durch die Stadttore transportiert.
Friedrich der Große, der seit 1740 an der Macht war, wollte die Staatskasse nach einem langen Krieg (1756–1763) wieder füllen. Er monopolisierte den Kaffeehandel und erlaubte das Kaffeerösten nur an wenigen Orten, die von ihm bestimmt worden waren. Der feine Geruch des gerösteten Kaffees verriet das Luxusgut auch dort, wo das Kaffeerösten verboten worden war.
Ein Gesetz aufsetzen ist das eine. Zu überprüfen, ob es auch befolgt wird, das andere. Der große Preuße schlug zwei Fliegen mit einer Klappe, als er beschäftigungslose Veteranen des Siebenjährigen Krieges mobilisierte und sie als Kaffeeriecher einsetzte. Insgesamt vierhundert Veteranen zogen durch Berlins Gassen, um illegal gerösteten Kaffee aufzuspüren. Diesen ungehobelten Gesellen war es gestattet, jedes Haus zu betreten und darin jedes Zimmer und jede Person aufs Genaueste zu untersuchen.
Da die Spürnasen nach Ertrag bezahlt wurden, waren sie besonders fleißig. Sie standen auch auf Brücken und berochen dort die Taschen von Passanten. Selbst Leibesvisitationen wurden durchgeführt. Man kann sich gut vorstellen, welches Ärgernis diese Gesellen für die Bevölkerung darstellten. Selbst Schmuggler waren beim Volk beliebter als die Kaffeeriecher. Der Preußenkönig musste sich den vielen organisierten Kaffeefreunden geschlagen geben und sein Monopol wieder auflösen. Fortan hieß es: Kaffee für alle.

Aufgabe 3:
1. Kaffee wurde „Blitz gegen Migräne" genannt. – Kaffee wird „Blitz gegen Migräne" genannt.
2. Sie überprüfen, ob die Gesetze befolgt werden. – Sie überprüften, ob die Gesetze befolgt wurden.
3. Durch ungeröstete Bohnen wird kein Geruch verbreitet. – Durch ungeröstete Bohnen wurde kein Geruch verbreitet.
4. Die Kaffeeriecher wurden nach Ertrag bezahlt. – Die Kaffeeriecher werden nach Ertrag bezahlt.

Aufgabe 4:

Aktiv	Passiv
1. Man errichtete Kaffeehäuser.	1. Kaffeehäuser wurden errichtet.
2. Man transportierte Kaffeebohnen.	2. Kaffeebohnen wurden transportiert.
3. Man besteuerte auch Fruchteis.	3. Fruchteis wurde auch besteuert.
4. 400 Kriegsveteranen spürten Kaffee auf.	4. Kaffee wurde von 400 Kriegsveteranen aufgespürt.
5. Man bezahlte die Kaffeeriecher nach dem Ertrag.	5. Die Kaffeeriecher wurden nach dem Ertrag bezahlt.
6. Man baut Kaffee heute in vielen Ländern an.	6. Kaffee wird heute in vielen Ländern angebaut.
7. Man bereitet Kaffee auf viele verschiedene Weisen zu.	7. Kaffee wird auf viele verschiedene Weisen zubereitet.
8. In Zukunft trinkt man viel häufiger fair gehandelten Kaffee.	8. In Zukunft wird viel häufiger fair gehandelter Kaffee getrunken werden.

Seite 34

Aufgabe 5:
Lichtputzer
Der Lichtputzer putzte (kürzte) die Dochte der Kerzen im Theater, die zur Beleuchtung eingesetzt wurden, auch während der Vorstellung, um Rußbildung zu vermeiden.
Noch bis in die Zeit von Richard Wagner (1813–1883) diente das Licht im Theater an erster Stelle dazu, überhaupt eine Sicht auf die Schauspieler zu ermöglichen. Sehen und gesehen werden: ohne Licht nicht möglich. Bühne und Zuschauerraum wurden also gebührend beleuchtet.
Zur Standardeinrichtung des Zuschauerraums zählte der Kronleuchter, der in der Mitte des Raums an der Decke angebracht war und zu Beginn des Stückes hochgezogen wurde. Wenn vorne dann auf der Bühne ein Feuerregen inszeniert wurde, dann war das Husten der Zuschauer programmiert und brachte sie manchmal an den Rand des Erstickens. Später ging man dazu über, an der Bühnenrampe entlang eine Reihe von Kerzen anzubringen. Der Begriff „Lampenfieber" stammt aus dieser Zeit und hieß zunächst „Rampenfieber": Durch die vielen Flammen war es in der Nähe der Rampe so heiß, dass die Schauspieler schwitzten. Der Kerzenverbrauch in Theatern war enorm. Es lag in der Natur der damals üblichen Kerze, dass, je länger sie brannte, desto länger ihr Docht wurde. Wenn dieser nicht „geputzt", also abgeschnitten wurde, fing er

bald an zu rußen und zu tropfen. Ungefähr alle halbe Stunde musste sich jemand um den Docht kümmern.
Am Theater war also der Lichtputzer unverzichtbar und entwickelte sich dort zum eigenständigen Berufsbild. Ohne ihn wäre das Spektakel auf der Bühne nur eine rauchige Angelegenheit gewesen. Da der Lichtputzer immer wieder auch während der Szenen auf der Bühne erscheinen musste, wurde er meist sogar in die Stücke integriert.

Aufgabe 6: (Beispiellösung)
Bis Ende des 19. Jahrhunderts wurden in den Theatern die Lichtputzer beschäftigt. Sie wurden damit beauftragt, im Zuschauerraum und auf der Bühne die Dochte der Kerzen zu kürzen. Damals wurden noch keine elektrischen Lichter eingesetzt, nur Kerzen. Wurde bei diesen der Docht nicht gekürzt, fingen sie an zu qualmen. Durch die zahlreichen Kerzen wurde ein Lichtputzer immer in Bewegung gehalten. Deswegen wurde er oft sogar als Figur in die Theaterstücke integriert.

Seite 35

Aufgabe 8:
Sandmann
Als Sandmänner, -frauen und -kinder wurden Tagelöhner bezeichnet. Seit etwa 1740 wurde von ihnen Sand abgebaut und in den Städten verkauft. Denn: Bis vor nicht mal hundert Jahren wurde Sand als vielseitiges Putz- und Scheuermittel genutzt. Deswegen wurde von den Stadtbewohnern viel „Stubensand" benötigt. Hierfür wurden von den Sandmännern Schächte in den Berg gegraben, darin wurde Sandstein abgebaut. Zu Hause wurden die Sandsteinbrocken von Frauen und Kindern zerschlagen und zu feinem Sand gesiebt.
Der Beruf des Sandmanns wurde nur von den Ärmsten der Armen ausgeübt. Ihre Augen wurden durch Sand entzündet und rot gefärbt, und in ihren Lungen wurde der Sand unaufhaltsam gesammelt. Mit dem Aufkommen von chemischen Putzmitteln wurde der Bedarf an Stubensand überflüssig, und daraufhin auch der Beruf des Sandmanns. Der moderne Sandmann wurde zu dieser Zeit erschaffen. E. T. A. Hoffmann wurde durch die rotäugigen Sandmänner zu einem unheimlichen Monster inspiriert. Der böse Sandmann wurde beschuldigt, die Kinder abends müde zu machen. Durch Hans Christian Andersen wurde die Geschichte ins Gute gekehrt. In seinem Märchen werden den Kindern vom Sandmann abends die Augen geschlossen und Geschichten erzählt. Und von da war es kein weiter Weg mehr zum Sandmann, durch den guter Traumsand verstreut wird.

Seite 37

Aufgabe 2:
1. Er sagt, er habe um 2004 herum die Bücher seiner Kindheit und Jugend wieder gelesen.
2. Er ergänzt, dabei habe er festgestellt, dass alle Lieblingsbücher drei Gemeinsamkeiten gehabt hätten.
3. Dazu führt er an, er habe überlegt, wie man diese drei Dinge in einem halbwegs realistischen Jugendroman unterbringen könne.
4. Der Autor erklärt, er fürchte, man werde sich im Deutschunterricht am Symbolträchtigen aufhängen.

Aufgabe 3 und 4:
Auf die Frage „Warum ein Jugendroman?" antwortet der Autor: „Ich habe um 2004 herum die Bücher meiner Kindheit und Jugend wieder gelesen." Danach wollte er auch einen „halbwegs realistischen Jugendroman" schreiben. Für die Zukunft befürchtet er, „man wird sich im Deutschunterricht am Symbolträchtigen aufhängen". Ein Rätsel im Roman ist das geheimnisvolle Elixier. Zu dessen Funktion erklärt der Autor nur „das weiß ich ja auch nicht". „Fast jeder Hollywood-Film" habe ein solches Elixier, deswegen habe er es „gleich eingebaut". Zum Schluss führt der Autor an, sein Ziel seien „Verfolgungsjagden in der Wüste" gewesen. Deswegen gebe es in seinem Roman keine Handys.

Seite 39

Aufgabe 6:
1. Der Regisseur erzählt, als 14-Jähriger sei er unheimlich in eine Mitschülerin verliebt gewesen, die nichts von ihm habe wissen wollen.
2. „Als Erstes ist da der Geruch von Blut und Kaffee." So beginne das Buch.
3. Fatih Akin behauptet, einen besseren Anfang könne man sich gar nicht denken.
4. Jedoch berichtet er, so filmisch das Buch auch sei, sie hätten erst den Roman zerlegt und sich gefragt, was sie im Film sehen wollen würden und was nicht.
5. Über den Schluss des Films sagt er, er habe gefühlt, nein gewusst, dass der Film so nicht enden könne.
6. Der Regisseur erklärt, die Geschichte zwischen Maik und seiner Mutter sei nicht die Hauptachse des Films, sondern Maik und Tschick.
7. Deswegen müsse es mit ihnen aufhören.
8. Abschließend behauptet er, um einen wie Tschick müsse man sich keine Sorgen machen.
9. Zur Besetzung der Hauptrolle bemerkt Akin, sein Vorgänger habe Maik mit einem 18-Jährigen besetzt gehabt, der aussah wie 16.
10. Über die Entstehung des Films erzählt er, im Drehbuch habe es ursprünglich kein Voice-over gegeben.

Seite 40

Aufgabe 2:
Aufgrund der Arbeitskräftesituation im sozialen Bereich wird diskutiert, ob die Einführung eines verpflichtenden Sozialen Jahres für alle Schülerinnen und Schüler nach der Schulzeit Abhilfe schaffen könnte. Dieses hätte etwa folgende Parameter:
Das verpflichtende Soziale Jahr sollten junge Menschen im Alter von 15 bis 26 Jahren machen. Die Schulpflicht sollte erfüllt sein, der Schulabschluss würde jedoch keine Rolle spielen. Im Rahmen dieses Jahres würden die Jugendlichen in einer gemeinwohlorientierten Einrichtung arbeiten, z. B. in Altersheimen, Kindertagesstätten und Krankenhäusern. Organisiert und betreut würde das Ganze von einem so genannten Träger, einer Art Dachorganisation, die die Einsatzstellen und die Pflichtdienstleistenden auswählt und einsetzt. Die Jugendlichen bekämen ein Taschengeld und eine beitragsfreie Versicherung. Abhängig vom Einsatzgebiet könnten die Jugendlichen zusätzlich die notwendige Ausbildung erhalten.

Aufgabe 3:
Jule: Ich finde so ein Jahr gar nicht so schlecht. Ich wollte sowieso irgendwas Soziales machen. Da sähe man sofort, ob einem diese Arbeit läge oder nicht. Oder vielleicht erführe man auch von Tätigkeiten, die einem sehr gut gefielen. Also ich könnte damit leben. Ich wüsste gerne noch, ob man nach dem Jahr auch mit der Schule weitermachen könnte und zum Beispiel das Abi machen dürfte.
Jens: Ehrlich gesagt, finde ich so ein soziales Pflichtjahr blöd. Man verlöre ein ganzes Jahr. Man sollte lieber sofort nach der Schule in seinen künftigen Beruf investieren. Von drei Jahren Handwerkerausbildung wäre das schon ein Drittel. Arbeit im Alters- oder Kinderheim oder vielleicht sogar beim Hausmeister in der Schule wäre für mich einfach abscheulich, zumal wir dann als niedrige Hilfskräfte sowieso nur die Arbeiten bekämen, die niemand sonst machen wollte. Mir täten auch die alten Menschen leid.

Seite 41

Aufgabe 4:
Selin: Ich finde die Idee eines verpflichtenden Sozialen Jahres sehr interessant. Es wäre eine gute Gelegenheit, um Berufserfahrung zu sammeln. Außerdem täte man etwas für die Allgemeinheit. In sozialen Einrichtungen fehlt es an Arbeitskräften, das höre ich immer wieder. Die Jugendlichen im Pflichtjahr böten hier Unterstützung. Es wäre allerdings zu wünschen, dass man eine angemessene Aufwandsentschädigung erhielte. Das Soziale Pflichtjahr dürfte nicht zur Ausbeutung werden. Dagegen halte ich den Zeitverlust für weniger dramatisch. Mein Vater musste früher Zivildienst leisten und konnte danach erfolgreich seine Lehre machen. Das wäre auch heute noch möglich. Ich wünsche mir noch, dass man sich seinen Einsatzort aussuchen könnte. Dann würde ich ein verpflichtendes Soziales Jahr akzeptieren.

Aufgabe 5:
Die Konjunktiv-II-Form von „akzeptieren" ist mit der Indikativ-Form identisch. Beide lauten „akzeptierte". In solchen Fällen muss die Ersatzform benutzt werden, damit der Modus deutlich erkennbar ist.

Aufgabe 6:
1. Für das Soziale Pflichtjahr bekäme man eine beitragsfreie Sozialversicherung.
2. Und zusätzlich würde das Soziale Pflichtjahr auch als Lehrzeit zählen, wenn man danach eine entsprechende Ausbildung begänne.
3. Allerdings wären unbezahlte Überstunden ein großes Problem.

4. Das gälte nicht nur für die Jugendlichen, sondern für alle Angestellten der Branche.
5. Vielleicht würde man die Arbeitszeiten genauer kontrollieren, wenn es ein Pflichtjahr gäbe.

Seite 43

Aufgabe 2:

Fast überall auf der Welt steigen die Temperaturen, Wissenschaftler meinen, schuld daran seien die Menschen. Autos, Fabriken und Kraftwerke würden viel zu viele Abgase, vor allem Kohlendioxid, in die Luft blasen. Dieses Gas verhindere, dass die Wärme ins Weltall entweichen könne. Schon lange sei klar, dass es so nicht weitergehen könne. Forscher glauben, dass sie stärker eingreifen müssten, um das Klima zu retten. Solche Eingriffe von Menschen ins Klima heißen „Geo-Engineering". Diskutiert werden verschiedene Wege:

Bäume pflanzen
Die Idee: Bäume und andere Pflanzen nehmen beim Wachstum Kohlendioxid aus der Luft auf. Der einfachste Weg wäre, die Wälder auf der Welt zu vergrößern. Eine andere Idee sieht vor, schnell wachsende Pflanzen anzubauen. Nach der Ernte könnten sie verbrannt werden, um Strom zu erzeugen. Dabei gäben sie das gespeicherte Kohlendioxid wieder ab. Das Gas sollte dann abgefangen, unter die Erde gepresst und dort gespeichert werden.
Das Problem: Größere Wälder würden die Erde dunkler machen. Der Planet würde sich dadurch noch mehr aufheizen, da dunkle Flächen Wärme besser speichern als helle.

Spiegel ins All bringen
Die Idee: Um die Temperatur zu senken, könnte man einen Teil der Sonnenstrahlen abfangen. Forscher wollen Spiegel in den Weltraum transportieren. Das könnten entweder riesengroße Spiegelflächen sein oder extrem viele kleine Scheiben.
Das Problem: Technisch dürfte der Plan funktionieren. Welche Folgen das hätte, kann niemand genau vorhersagen. An Nord- und Südpol dürfte die Temperatur aber kaum sinken. Doch gerade das wollte man, denn diese Regionen sind momentan am stärksten vom Klimawandel betroffen.

Vulkan spielen
Die Idee: Bei einem großen Ausbruch 1991 auf den Philippinen wurden viele Tonnen Schwefel in die Luft geschleudert. Dadurch konnten weniger Sonnenstrahlen die Erde erreichen. Die Durchschnittstemperatur sank um ein halbes Grad. Forscher würden das nachspielen wollen. Flugzeuge und Heißluftballons sollen Schwefelpartikel in großer Höhe versprühen.
Das Problem: Der Schwefel könnte die Ozonschicht schädigen. Diese schützt vor den krebserregenden UV-Strahlen.

Luft filtern
Die Idee: Nachgedacht wird über künstliche Bäume. Jeder Kunstbaum hätte Filter, die das Kohlendioxid mithilfe von Chemikalien aus der Luft fischen sollen. Das herausgefilterte Kohlendioxid könnte anschließend unter der Erde gelagert werden.
Das Problem: Bisher ist das Filtern der Luft zu teuer. Interessant ist die Idee einer Firma aus Kanada, das Kohlendioxid zu künstlichem Treibstoff umzuwandeln.

Felsen zerkleinern
Die Idee: Wenn Felsen verwittern, ziehen sie dabei Kohlendioxid aus der Luft. Bestimmte Mineralien im Gestein könnten sich mit dem klimaschädlichen Gas verbinden und es dauerhaft festhalten. Eigentlich dauert der Zerfall von Steinen einige Millionen Jahre. Forscher möchten diesen Prozess beschleunigen, indem Felsen zu feinem Staub zermahlen werden.
Das Problem: Dafür müssten ganze Berge abgetragen werden, was sehr teuer werden dürfte.

Städte weiß streichen
Die Idee: Dächer und Straßen müssten weiß angemalt werden, sodass die Sonnenstrahlen zurück in den Weltraum gelenkt werden könnten.
Das Problem: Ein Großteil aller Städte müsste angestrichen werden, um die Temperatur auch nur ein klein wenig zu senken. Außerdem verschmutzen weiße Flächen schneller und müssten häufiger gereinigt werden

Aufgabe 3:

	dürfen	können	müssen	sollen	wollen	mögen/ möchten
ich	darf dürfte	kann könnte	muss müsste	soll sollte	will wollte	mag/ möchte mochte
du	darfst dürftest	kannst könntest	musst müss-test	sollst solltest	willst wolltest	magst/ möchtest mochtest
er/ sie/ es	darf dürfte	kann könnte	muss müsste	soll sollte	will wollte	mag/ möchte mochte
wir	dürfen dürften	können könnten	müssen müssten	sollen sollten	wollen wollten	mögen/ möchten mochten
ihr	dürft dürftet	könnt könntet	müsst müsstet	sollt solltet	wollt wolltet	mögt/ möchtet mochtet
sie	dürfen dürften	können könnten	müssen müssten	sollen sollten	wollen wollten	mögen/ möchten mochten

Aufgabe 4: (Beispiellösung)
1. Könnten Sie mir bitte helfen, das Paket zu tragen?
2. Möchtest du noch etwas trinken?
3. Dürfte ich bitte mal Ihre Papiere sehen?
4. Dürfte ich mal eben hier vorbei?
5. Solltest du ihr nicht die Wahrheit sagen?
6. Müsstest du nicht etwas mehr üben?

Seite 44

Aufgaben 1–3:

Die Konjunktionen aus Aufgabe 1 sind grau markiert. Die Lösung zu Aufgabe 3 ist mit einer Wellenlinie markiert.

Botox-Doping: Kamele werden bei Schönheitswettbewerb disqualifiziert

Obwohl es in Saudi-Arabien in den letzten Jahrzehnten eine rasante Modernisierung gab, hat das Kamel immer noch einen sehr hohen Stellenwert. Kamelrennen, bei denen die Tiere bis zu 64 Stundenkilometer erreichen, sind ein Nationalsport. Wohlhabende Scheichs frönen bekannterweise der Falknerei, aber zu ihren beliebtesten Hobbys zählt auch der Rennsport, für den sie oftmals ihre eigene Kamelzucht haben. Die Tiere werden allerdings nicht nur auf Schnelligkeit gezüchtet, sondern auch das schöne Aussehen ist ein wichtiges Kriterium in allen Wettbewerben. Bei den Beduinenfesten werden regelmäßig Schönheitswettbewerbe für die „Wüstenschiffe" veranstaltet, bei denen häufig extrem hohe Preisgelder gezahlt werden.
Da es um sehr viel geht, haben nun offenbar einige Kamelbesitzer versucht, künstlich nachzuhelfen. Die „Daily Mail" berichtet, dass beim jährlichen König-Abdal-Aziz-Kamelfestival in der Nähe von Riad zwölf tierische Teilnehmer disqualifiziert worden seien, weil ihre Besitzer offensichtlich Botox eingesetzt hatten. Dies verstoße gegen die Regel, die Drogen und andere künstliche Optimierungen strikt untersagt. Das Nervengift wurde vermutlich in die Lippen der Tiere gespritzt. Ob es damit einen ähnlichen Effekt wie in der menschlichen Schönheits-Optimierung – Straffung der Haut und Falten-Entfernung – bringen sollte, bleibt in den Berichten unklar.

Seite 45

Aufgabe 4: (Beispiellösung)
1. Trotz rasanter Modernisierung Saudi-Arabiens haben Kamele und Kamelrennen nach wie vor eine große Bedeutung.
2. Neben der Falknerei zählt der Kamelrennsport zu den beliebtesten Hobbys.
3. Wegen Dopings wurden beim jährlichen König-Abdal-Aziz-Kamelfestival in der Nähe von Riad zwölf tierische Teilnehmer disqualifiziert.

Aufgaben 5 + 6:

Die ersten Äffchen à la Dolly
Sie heißen Zhong Zhong und Hua Hua und sind acht beziehungsweise sechs Wochen alt. Es handelt sich um die ersten Primaten, die mit der Kerntransfermethode geklont wurden, wie vor gut zwanzig Jahren das berühmte Schaf Dolly.

Beim Klonen per Kerntransfer entstehen aus Körperzellen eines Spenders Individuen, die das gleiche Erbgut haben wie der Spender. Dazu wird eine Eizelle von ihrem Zellkern befreit, mit dem Kern der Spenderzelle fusioniert, im Labor zum Wachsen gebracht und von einer Leihmutter ausgetragen. Auf diese Weise entstanden auch Zhong Zhong und Hua Hua.
Der Aufwand war allerdings immens. 109 Embryonen erzeugten die Forscher per Kerntransfer, von denen 79 in Leihmütter übertragen wurden. Es entstanden sechs Schwangerschaften, durch die aber nur zwei Tiere lebend zur Welt kamen.
Seit der Geburt vom Klonschaf Dolly 1997 wurden 23 Tierarten geklont – darunter Schweine, Rinder, Pferde, Katzen und Hunde. Nur Affen hatten noch gefehlt. Forscher, die es versuchten, scheiterten immer wieder. Nun ist diese kleine Sensation gelungen.

Seite 46

Aufgaben 7 + 8:

Obwohl der Aufwand immens ist, machen die Forscher weiter. Seitdem das Klonen der beiden Äffchen gelungen ist, wollen sie nun derartige Klone von nicht-humanen Primaten in Serie erzeugen. Für die Forschung ist das auch bedeutsam, weil Javaneraffen die am häufigsten in Tierversuchen eingesetzte Affenart sind. Javaneraffen kommen etwa bei der Prüfung von neuen Medikamenten zum Einsatz, bevor diese an Menschen getestet werden. Geklonte Affen, bei denen sich einzelne Gene nun gezielt verändern lassen, könnten außerdem dazu beitragen, dass Erkrankungen des menschlichen Gehirns besser zu verstehen oder gar zu heilen sind.
Wenn es um das Gehirn geht, sind Versuche mit weniger hoch entwickelten Tierarten oft wenig aussagekräftig. Allerdings werfen die Experimente die Frage auf, wie weit das Klonen von nicht-menschlichen Primaten, wie Javaner- und Rhesusaffen, gehen sollte. „Uns ist sehr wohl bewusst, dass Wissenschaftler strikt ethische Standards einhalten müssen", betonen die Wissenschaftler.

Aufgabe 9:

Gute Ressourcen in China

Die ersten beiden geklonten Affen, so denken die Forscher, werden noch länger eine Besonderheit bleiben. Das Klonen von Affen ist so aufwendig, dass es nur wenige Forschungseinrichtungen durchführen können. Weil die Primatenzentren in China sehr gut ausgestattet sind, werden Fortschritte hauptsächlich von dort kommen. Das Klonen von Menschenaffen oder sogar Menschen wird daher nicht so schnell erforscht werden, obwohl die geklonten Javaneraffen schon ein Schritt in diese Richtung sind. Im Moment, so bestätigen es die Forscher, sei das Klonen von Menschen etwas, das nicht für notwendig erachtet werde. Sie betonen noch, dass es bestimmt schon ausprobiert worden wäre, wenn es einen wirklichen Nutzen bringen könnte. Im Moment sind die Forscher, die sich mit dem Thema Klonen beschäftigen, mehr an der Herstellung einzelner Zellen interessiert. Sie hoffen, dass sie damit Menschen helfen können, wenn diese schwere Verletzungen erleiden.

Seite 47

Aufgabe 10:

Schutz vor Hirntod – Nacktmulle überleben 18 Minuten ohne Sauerstoff

Jeder Mensch wäre längst tot, ein Nacktmull bringt es fertig, unbeeindruckt wieder aufzustehen: Die kuriosen Nagetiere besitzen die Fähigkeit, mehr als eine Viertelstunde ohne Sauerstoff zu überleben. Als hätten Nacktmulle dem Menschen nicht schon ausreichend gezeigt, außergewöhnliche Eigenschaften zu besitzen: […]
- Mit etwa 30 Jahren leben Nacktmulle um ein Zehnfaches länger als ähnlich große Nager wie Mäuse oder Ratten.
- Trotz ihres hohen Alters erkranken Nacktmulle nicht an Krebs.
- Sie spüren kaum Schmerzen. […]

Letzteres hat ihnen offenbar zu dem ungewöhnlichen Vermögen verholfen, nämlich bis zu 18 Minuten ohne Sauerstoff überleben zu können. Jedes andere an Land lebende Säugetier wäre nach dieser Zeit längst erstickt. […] Nacktmulle sind […] darauf angewiesen, mit Sauerstoffmangel klarzukommen. In den unterirdischen Tunneln in den heißen Halbwüsten Ostafrikas, wo die Nager leben, ist es extrem stickig – erst recht, wenn Hunderte Tiere auf engem Raum zusammenleben. Anstatt 200-mal pro Minute zu schlagen, schlägt ihr Herz bei Sauerstoffmangel nur etwa 50-mal in der Minute. Sobald der Sauerstoffgehalt wieder steigt, machen die Tiere weiter, ohne irgendwelche Mängel aufzuweisen.

Aufgabe 11:

1. Nacktmulle haben die Fähigkeit entwickelt, Fruchtzucker in den Gehirnzellen zu verwerten.
2. Um das Gehirn mit ausreichend Energie zu versorgen, ist bei Säugetieren normalerweise Traubenzucker vonnöten.
3. Damit sind sie in der Lage, bei sehr schlechter Sauerstoffversorgung zu überleben, ohne Hirnschäden zu erleiden.
4. Forscher versuchen jetzt, diesen Effekt künstlich zu erzeugen.

Seite 48/49

Aufgaben 1 + 2:

Ich finde, dass das seitens der Schüler kein so großes Opfer darstellt. Dafür könnten wir einen Beitrag zum Klimaschutz leisten. Jeder weiß, dass ein hoher Fleischverbrauch durch die Treibhausgas-Emissionen, die mit der Erzeugung von Fleisch verbunden sind, sehr schlecht für unser Klima ist. Wenn alle Menschen ihren Fleischverzehr etwas einschränken würden, wäre das ein wichtiger Schritt, um das Fortschreiten der Erderwärmung zu stoppen. Man könnte auch auf eine Massentierhaltung verzichten; das wiederum ist für die Tiere gut. Es gäbe noch eine Reihe weiterer Vorteile: eine Einsparung von Wasser, eine geringere Trinkwasserverschmutzung und schließlich eine gesündere Lebensweise. Selbstverständlich müsste man noch einmal beraten, wie es gelingen kann, den Beitrag für das Schulessen nicht oder nicht wesentlich zu erhöhen und ein schmackhaftes Essen an allen Tagen auf den Tisch zu bringen. Dabei halte ich es auch für wichtig, dass man bei Lebensmitteln, auch bei Obst und Gemüse, auf regionale Produkte zurückgreift, damit lange Transportwege vermieden werden.

Ich lehne diese Initiative ab. Es interessiert meiner Meinung nach keinen, ob ein paar Schüler an drei Tagen Fleisch essen oder nicht. Es gibt so viele Dinge, die eine viel größere Wirkung beim Klimaschutz hätten: der Straßen-, der Luft- und der Wasserverkehr. Hier aber sind keine Einschränkungen erkennbar. Und warum sollen wir für schlechteres Essen auch noch mehr Geld bezahlen? Wir bekommen doch ohnehin nicht alle Tage Fleisch! Dass wir künftig Linsen, Bohnen und Erbsen in höherem Maße angeboten bekommen sollen, ist wohl ein Witz. Ich habe unlängst gelesen, dass Fleisch im Speiseplan keineswegs fehlen darf; es ist für die Entwicklung von jungen Menschen unheimlich wichtig. Außerdem kann ich als Sportler auf Fleisch als Eiweißlieferant nicht verzichten, zumal Schnitzel und Bratwurst meine Lieblingsspeisen sind. Was die Bio-Lebensmittel betrifft, so brauche ich diese nicht. Sie sind nach meiner Erfahrung sowieso nur ein Mittel, um höhere Preise zu erzielen.

Aufgabe 3:

Das Semikolon im ersten Text ist richtig verwendet, es markiert eine inhaltliche Trennung. Das Semikolon im zweiten Text ist nicht richtig verwendet, weil sich der darauf folgende Teilsatz direkt auf den vorhergehenden bezieht.

Aufgabe 4:

Punkt: Über das Essen in Schulkantinen wird viel diskutiert. Für viele ist der Schutz von Natur und Tieren wichtig. Andere wollen nicht auf bestimmte Speisen verzichten.
Komma: Über das Essen in Schulkantinen wird viel diskutiert, für viele ist der Schutz von Natur und Tieren wichtig, andere wollen nicht auf bestimmte Speisen verzichten.
Doppelpunkt: Über das Essen in Schulkantinen wird viel diskutiert: Für viele ist der Schutz von Natur und Tieren wichtig, andere wollen nicht auf bestimmte Speisen verzichten.
Semikolon: Über das Essen in Schulkantinen wird viel diskutiert. Für viele ist der Schutz von Natur und Tieren wichtig; andere wollen nicht auf bestimmte Speisen verzichten.

Aufgabe 5: (Beispiellösung)

Klammern: Über das Essen in Schulkantinen wird viel diskutiert: Für viele ist der Schutz von Natur und Tieren wichtig, andere wollen nicht auf bestimmte Speisen (Schnitzel und Hähnchenkeulen) verzichten.
Gedankenstriche: Über das Essen in Schulkantinen wird viel diskutiert: Für viele ist der Schutz von Natur und Tieren wichtig, andere wollen nicht auf bestimmte Speisen – Schnitzel und Hähnchenkeulen – verzichten.

Seite 50

Aufgabe 2: (Beispiellösung)

Sollte die Zeitumstellung abgeschafft werden?

Ich bin dafür, dass die Zeitumstellung abgeschafft wird. Sie verändert den Tagesrhythmus von Menschen und Tieren – das ist schlecht für die Gesundheit, weil man nicht gut schläft.

Soll es mehr Videoüberwachung geben?
Ich bin dagegen, dass es mehr Videoüberwachung geben sollte. Straftaten fänden dann nur dort statt, wo keine Kameras sind. Man könnte außerdem das Geld besser nutzen, um die Menschen zu schützen, bevor ein Verbrechen passiert.

Verdienen Fußballer zu viel Geld?
Ich vertrete den Standpunkt, dass die hohen Gehälter den Fußball kaputt machen. Es gibt keinen richtigen Wettbewerb mehr, stattdessen gewinnen immer die gleichen Mannschaften.

Sollen Schülerinnen und Schüler mit der Hand schreiben?
Ich bin der Meinung, Kinder sollen das Arbeiten am Computer lernen. Im Berufsleben wird der perfekte Umgang mit dem Computer vorausgesetzt. Die Schule sollte die Schüler darauf vorbereiten.

Sollen Schülerinnen und Schüler in den Ferien lernen?
In meinen Augen ist Freizeit für Kinder sehr wichtig. Jeder Mensch braucht gelegentlich eine Auszeit, in der er etwas tun kann, was keinen direkten Nutzen besitzt.

Sollen Einwegplastikflaschen verboten werden?
Für mich ist wichtig, dass Einwegplastikflaschen verboten werden. Sie verschmutzen die Umwelt sehr, weil sie sich nicht zersetzen.

Seite 52

Aufgabe 4: (Beispiellösung)
Um die Welt zu verstehen, muss man die Wirtschaft begreifen. Deshalb sollte man so früh wie möglich damit anfangen, Wirtschaft als Schulfach zu unterrichten. Ich finde nicht, dass Wirtschaft für Kinder zu kompliziert ist. Dass auch schon Schüler Interesse an den Grundlagen der Wirtschaft haben, habe ich bereits gemerkt. Beispielsweise wollen sie wissen, was mit dem Geld alles passiert. Leider habe ich auch festgestellt, dass sich viele Erwachsene selbst schlecht mit Wirtschaft auskennen. Sie verstehen wirtschaftliche Zusammenhänge nicht, weil sie diese nie im Unterricht systematisch behandelt haben.

Seite 53

Aufgabe 5: (Beispiellösung)
Sollte das Fernsehen weniger Fußball zeigen?
Ich bin nicht der Meinung, dass weniger Fußball im Fernsehen gezeigt werden sollte. Die meisten Menschen in Deutschland interessieren sich für Fußball, deswegen sollte sich das Fernsehen nach den Wünschen der Zuschauer richten und häufig Fußball zeigen.

Brauchen wir eine Katzensteuer?
Ich spreche mich für eine Katzensteuer aus. Wenn wir eine Katzensteuer hätten, würden sich weniger Leute eine Katze anschaffen. Daraus folgen bessere Lebensbedingungen für die Vögel, die nicht mehr so stark durch Katzen bedroht wären.
Aufgabe 6: (Beispiellösung)
Ich bin dagegen, dass weniger Fußball im Fernsehen gezeigt wird. Schließlich ist es so, dass sich in Deutschland sehr viele Menschen für Fußball interessieren. Deshalb wird auch viel Fußball im Fernsehen geschaut. Es ist also nachvollziehbar, dass sich die Fernsehsender ihren Zuschauern anpassen. Zusätzlich kann man argumentieren, dass auch andere Sportarten gezeigt werden. Bei wichtigen Turnieren, z. B. bei den Olympischen Spielen, kann man deutlich mehr sehen als nur Fußball. Auf diese Weise sind alle Sportfans glücklich, nicht nur die Fußballfans. Es wäre aus meiner Sicht also nicht in Ordnung, wenn weniger Fußball gezeigt würde.
Ich spreche mich für eine Katzensteuer aus. Meiner Ansicht nach würde dies dazu führen, dass sich weniger Menschen eine Katze anschaffen. Schließlich sind Katzen Raubtiere, wenn es zu viele gibt, dann könnte die restliche Tierwelt bedroht werden. Zudem sollte man beachten, dass es bereits eine Steuer für Hunde gibt, unabhängig von deren Größe. Deswegen wäre die Katzensteuer aus meiner Sicht ein gerechter Ausgleich. Aus diesen beiden Gründen plädiere ich also für eine allgemeine Katzensteuer.

Seite 55

Aufgabe 7: (Beispiellösung)
Sollten Jugendliche Leistungssport betreiben?
Einerseits ist Sport gut für die Gesundheit, andererseits ist bei Wettkämpfen die Verletzungsgefahr hoch. Dagegen sollte man beachten, dass gemeinsame Wettkämpfe die Teamarbeit und das Gemeinschaftsgefühl der Jugendlichen stärken. Dem entgegen steht, dass Turniere und Meisterschaften sehr zeitaufwendig sein können. Man muss auch in Erwägung ziehen, dass die schulischen Leistungen bei zu viel Training leiden, wenn dafür zu wenig gelernt wird. Allerdings ist nicht zu vergessen, dass die Jugendlichen auf diese Weise lernen können bzw. müssen, wie sie sich ihre Zeit sinnvoll einteilen. Trotz der Tatsache, dass nur wenige zu Profisportlern werden können, sollte man beachten, dass man früh mit einer Sportart anfangen muss, wenn man wirklich gut werden möchte. Aber letztendlich ist entscheidend, dass Jugendliche Sport treiben sollen, wenn es ihnen Spaß macht und sie motiviert. Denn das ist beim Sport das Wichtigste überhaupt!

Seite 56

Aufgabe 2:
eine Beschreibung geben, in Angriff nehmen, sich die Frage stellen, Veränderungen eintreten, Wachstum erfolgen, eine Vergrößerung verzeichnen, eine Zunahme beobachten, eine Erklärung geben, die Antwort suchen, zur Entstehung kommen, die Verwendung feststellen, Debatten führen, eine Verarmung befürchten, den Schluss ziehen, eine Entwicklung vollziehen, eine Entscheidung treffen, Vorschläge aufgreifen.

Seite 57

Aufgabe 3: (Beispiellösung)
In dem Heimatjournal wird eine ausführliche Beschreibung dieser Stadt gegeben.
Wir nehmen diese Aufgabe in Angriff.
Er stellte sich die Frage, ob er den Bus oder das Fahrrad nehmen sollte.
Es dürfte niemanden überraschen, dass nach dem Schulabschluss Veränderungen im täglichen Leben eintreten.
Im Laufe der Schulzeit ist hoffentlich eine Vergrößerung des Wissens zu verzeichnen.
Kurz vor den Prüfungen kann man eine Zunahme des Lerneifers beobachten.
Niemand konnte eine Erklärung für den Unfall geben.
Er musste lange nach einer passenden Antwort suchen.
Aufgabe 4:
eine Beschreibung geben – beschreiben; in Angriff nehmen – anfangen; sich die Frage stellen – sich fragen; Veränderungen eintreten – sich verändern; Wachstum erfolgen – wachsen; eine Vergrößerung verzeichnen – vergrößern; eine Zunahme beobachten – zunehmen; eine Erklärung geben – erklären; die Antwort suchen – ergründen; zur Entstehung kommen – entstehen; die Verwendung feststellen – verwenden; Debatten führen – debattieren; eine Verarmung befürchten – beanstanden; den Schluss ziehen – schlussfolgern, schließen; eine Entwicklung vollziehen – sich entwickeln; eine Entscheidung treffen – entscheiden; Vorschläge aufgreifen – (kein entsprechendes Verb)

Seite 58

Aufgabe 5:
1. Was tut man mit Überlegungen? Man stellt sie an.
2. Was tut man mit Feststellungen? Man trifft sie.
3. Was tut man mit Schussfolgerungen? Man zieht sie.
4. Was tut man mit Abmachungen? Man trifft sie.
5. Was tut man mit Verpflichtungen? Man geht sie ein.
6. Was tut man mit Risiken? Man wägt sie ab.
7. Was tut man mit Fragen? Man stellt sie.
8. Was tut man mit Problemen? Man greift sie auf/spricht sie an.
9. Was tut man mit Antworten? Man gibt sie.
10. Was tut man mit Lösungen? Man findet sie.

Aufgabe 6: (Beispiellösung)
Ich stelle die Überlegung an, mir ein neues Smartphone zu kaufen.
Er trifft die Feststellung, dass sich eine Neuanschaffung noch nicht lohnt.
Daraus zieht er die Schlussfolgerung, dass er noch mehr Geld zur Seite legen muss.

Ich stelle mir die Frage, ob diese Investition wirklich notwendig ist.

Aufgabe 7:

Der deutsche Wortschatz wächst zurzeit stark. Besonders beliebt sind Fremdwörter aus der englischen Sprache, die Anglizismen. Gerne werden aber Anglizismen im Deutschen kritisiert. Immer wieder behaupten Sprachkritiker, dass die Sprache auf diese Weise verschlechtert werde. Diese Kritik ist keine Erfindung unserer Zeit. Vor 350 Jahren wurde dasselbe behauptet: Fremdwörter schaden einer Sprache. Damals wurde viel aus dem Französischen übernommen. Manche Gelehrten in dieser Zeit versuchten, deutsche Ersatzwörter zu finden. Wörter wie „Erdgeschoss" für französisch „Parterre" werden bis heute verwendet, andere Vorschläge konnten sich nicht durchsetzen. Der Ausdruck „Gesichtserker" für „Nase" ist so ein Beispiel. Inzwischen hat man allerdings erkannt, dass das allerdings nur ein Scherz war.
Wir können nur vermuten, ob es in noch früherer Zeit schon Sprachkritik gegeben hat. Die Sprachwissenschaft konnte allerdings beweisen, dass schon im Mittelalter viele Fremdwörter genutzt wurden. Damals wurde viel aus dem Lateinischen übernommen. Diese Sprache wird heute nicht mehr gesprochen und nur selten geschrieben. Lateinische Fremdwörter werden nicht mehr erkannt. Wer kann sich beispielsweise erinnern, dass „schreiben" vom lateinischen „scribere" stammt? Das lässt auch vermuten, dass mit den Anglizismen irgendwann dasselbe passieren wird.

Seite 59

Aufgabe 8:

Der Nominalstil wirkt sachlicher und ist ein Merkmal von Fachtexten. Der Verbalstil wirkt anschaulicher und ist leichter zu verstehen, da die Sätze kürzer sind.

Seite 60

Aufgabe 2:

Der Roboter Wilma erlernt an der Hochschule Wildau den Beruf einer Bibliothekshelferin. Wilma ist schon jetzt ein kleiner Star an der Technischen Hochschule von Wildau im Landkreis Dahme-Spreewald. Das menschenähnliche Wesen mit den großen Kulleraugen lässt die Herzen der technikbegeisterten Studentenschaft höher schlagen.
Wilma ist eine Maschine mit großem Kopf, mit rundem Oberkörper sowie beweglichen Armen und Händen. Wilma kann hören, sehen, sprechen und sich ganz selbstständig durch die Bibliothek bewegen. Wilma ist 1,20 Meter hoch – ein sogenannter humanoider Roboter, der selbstständig bestimmte Aufgaben ausführt. Wilmas Unterbau steht auf Rollen. Auf denen kurvt sie an den Regalreihen und Bestelltischen der Bibliothek entlang. Wilma arbeitet hier als Bibliotheksassistentin. Ihre Aufgabe ist es, vor allem unerfahrenen Nutzern der Bibliothek zu helfen. Wilma erinnert ein wenig an die Filmfigur E.T.
Ihr Körper ist die Hardware des Roboters. Es ist eine Entwicklung eines französisch-japanischen Herstellers. Vor der weißen Brust hat Wilma ein Tablet. Nach einem Auftrag legt sie den Kopf schief, als müsste sie überlegen. Sie umfährt Hindernisse, biegt nach rechts oder links ab und landet schließlich mit einer Verbeugung – „Bitteschön!" – an der gesuchten Stelle. Die nächste Übung muss allerdings noch warten. Wilma hat den Kopf auf die Brust gelegt, sie kommt zwar nicht ins Schwitzen, aber bevor sie überhitzt, nimmt sie sich erst einmal eine kleine Auszeit. Ganz schön schlau!

Seite 61

Aufgaben 3 + 4: (Beispiellösung)

1. Die schlaue Roboterassistentin führt bestimmte Aufgaben in der Bibliothek aus. Die schlaue Roboterassistentin führt bestimmte wichtige Aufgaben in der Bibliothek sehr präzise und selbstständig aus.
2. Das fahrende Computerwesen kurvt auf Rollen an den Regalreihen entlang. Das fahrende Computerwesen kurvt auf Rollen zielstrebig an den Regalreihen entlang.
3. Das weiße Geschöpf erinnert an die Filmfigur E.T. Das weiße Geschöpf erinnert in seiner Gestalt an die Filmfigur E.T.
4. Das goldige Maschinenmenschlein setzt sich in Bewegung. Das goldige Maschinenmenschlein setzt sich in Bewegung, wenn ein Student ein Buch sucht.
5. Der menschenähnliche Roboter umfährt die Hindernisse. Der menschenähnliche Roboter umfährt gekonnt die Hindernisse.
6. Die niedliche Maschine biegt nach rechts oder links ab. Die niedliche Maschine biegt nach rechts oder links ab, ohne sich zu verirren.
7. Der humanoide Roboter landet mit einer Verbeugung an den Schließfächern. Der humanoide Roboter landet mit einer höflichen Verbeugung an den Schließfächern.
8. Das kleine menschenähnliche Wesen bleibt stehen. Das kleine menschenähnliche Wesen bleibt zur Abkühlung stehen.

Seite 63

Aufgabe 6: (Beispiellösung)

Der Autor wird von einem Computerprogramm interviewt. Dieses soll seine Eignung für einen Beruf prüfen. Das Interview wird über eine Website gestartet. Eine automatische Stimme stellt Fragen und der Autor erzählt. Dem Autor ist bei dem Vorstellungsgespräch unwohl. Er sorgt sich um die Einschätzung durch die Maschine. Der Autor kann nach dem Ende des Gesprächs sein Unbehagen nicht erklären. Einen Tag später sieht der Autor die Ergebnisse. Das Programm stuft ihn als durchschnittlich ein.

Aufgabe 7: (Beispiellösung)

Wenn ein Roboter die Fragen stellt

Es ist still am anderen Ende der Leitung. Habe ich etwas Falsches gesagt? Es ist mein erstes Vorstellungsgespräch bei einer Maschine. Ich bin irritiert. „Äh, soll ich dazu noch mehr sagen?", frage ich. Schweigen. So rede ich einfach weiter und erzähle, wie der letzte Sonntag bei mir verlaufen ist. Danach hatte mich der Roboter gefragt. […] Ich habe schon alles Mögliche aufgezählt: ungewöhnlich lange ausgeschlafen, sehr ausgiebig gefrühstückt, extrem neugierig in die Zeitung geschaut, eher widerwillig aufgeräumt… Was noch? Ich gerate ins Stocken und frage mich, was der Roboter jetzt wohl denken mag. Registriert er eine Spur Verunsicherung in meiner Stimme? Erzählen andere Menschen viel lebendiger als ich? Mein Vorstellungsgespräch hat gerade erst begonnen, aber ich habe schon jetzt das Gefühl: Das geht völlig schief.

Aufgabe 8: (Beispiellösung)

Meiner Ansicht nach sind Maschinen noch nicht in der Lage, einen Menschen bei einem Vorstellungsgespräch zu ersetzen. Schließlich sollten sich Bewerber und Gesprächsleiter immer kennen lernen, da sie später auch miteinander arbeiten müssen. Allerdings sind Maschinen sehr hilfreich, wenn eine Firma eine große Zahl von Bewerbern hat und eine Vorauswahl treffen muss.

Seite 64

Aufgabe 9:

1. Die Algorithmen erstellen für Arbeitgeber Listen mit den angeblich bestgeeigneten Kandidaten für eine Stelle.
2. Der Roboter schockiert die Bewerber durch höchst peinliche Fragen.
3. Er fragt die Kandidaten nach meist gefürchteten Situationen.
4. Die Bewerber bemühen sich um zutiefst überzeugende Antworten.
5. Die Bewerber wollen den bestmöglichen Eindruck hinterlassen.

Aufgabe 10:

1. die optimale Variante
2. die minimale Fehlerquote
3. das totale Chaos
4. die maximale Punktzahl
5. in keiner Weise
6. der einzige Fehler

Seite 65

Aufgabe 11:

1. Der Computer erfragt die geistige Entwicklung der Bewerber.
2. Es handelt sich um ein fünfzehnminütiges Programm.
3. Die Kandidaten müssen sich zeitig anmelden.
4. Wilma hat ein kindliches Aussehen.

Aufgabe 12:

1. Funde gut erhaltener Knochen von Urmenschen.
2. Besitzer eines vierstöckigen Hauses.
3. Ein Laden für geräucherten Fisch.
4. Besitzer eines allradgetriebenen Autos.
5. Vater einer vierköpfigen Familie.
6. Karten für überdachte Sitzplätze.

Seite 66

Aufgabe 13:

1. Nach ersten Angaben von Ärzten wurden viele Opfer totgetrampelt.
2. Terror Touris. Gegen Urlauber mit Bierflaschen gingen 60 Beamte vor.

deutsch.kombi plus 9/10 Arbeitsheft 978-3-12-313445-8

3. Bei einem Aufenthalt aus gesundheitlichen Gründen habe ich auf Sylt den Orkan „Erwin" erlebt.
4. Kaufe antike Sachen, auch von Uroma: Stand- und Wanduhren, auch defekt, Elektrogeräte und Flohmarktartikel.
5. Religiöse Rituale. Kinderbund will runden Tisch zum Thema Beschneidung.
6. Verkauf gebrauchter Küchen.

Seite 67

Aufgabe 14:

1. Nuer und Dinka sind hauptsächlich nomadische Hirtenvölker, sie lassen ihre Tiere die Savanne abweiden.
2. Die Seeleute sind wochenlang auf Fischfang, danach werden die Fische tiefgefroren im Hafen ausgeladen und verschickt.
3. Weil ich eine Fünf geschrieben hatte, wurde meine Klausur dem Schulleiter zur Kontrolle vorgelegt.
4. Meine Mutter brachte außer mir noch zwei Kinder zur Welt, eines ist jetzt dreijährig und eines acht Monate alt.
5. Die Stute, deren Besitzerin Frau Kalb war, war schnell gesattelt und mein Vater schwang sich gekonnt auf sie drauf.
6. Wir hatten ein halbes Jahr Bilder gemalt. Nachdem der Lehrer unsere Bilder aufgehängt hatte, wurden die Eltern zur Besichtigung eingeladen.

Seite 69

Aufgabe 2:

1. Welche Folgen hat es, wenn Kinder und Jugendliche immer früher und immer mehr digitale Medien nutzen?
2. Für sie [die Experten] steht fest: Der Konsum digitaler Medien via Smartphone kann Kinder tatsächlich krank machen.
3. Andere Experten bestreiten die grundsätzlich negativen Auswirkungen von Smartphones und digitale Medien auf Kinder.
4. Weil immer mehr Kinder ein eigenes Smartphone besitzen oder die Geräte ihrer Eltern nutzen, haben sie schon im Grundschul- oder Kindergartenalter Zugang zu digitalen Medien.
5. Die Auswirkungen von Smartphones auf das Verhalten von Kindern und Jugendlichen wurden mittlerweile in mehreren Studien festgestellt
6. Der Extremfall ist eine wirkliche Sucht nach den Geräten.

Seite 70

Aufgabe 3:

1. Häufig wird die These aufgestellt, Kinder würden unaufmerksamer und hyperaktiver. Dies sei eine Folge der Nutzung digitaler Medien über das Smartphone.
2. Die übermäßige Smartphone-Nutzung verschlechtere das Sprachvermögen. Dies wird immer wieder behauptet.
3. Mit digitalen Medien könnten Lernprozesse auch abwechslungsreicher und motivierender gestaltet werden Auf diese Weise würde das Sprachvermögen durch digitale Medien sogar verbessert.
4. Kurzsichtigkeit entsteht, wenn Kinder und Jugendliche zu viel auf die kleinen, sehr nah stehenden Bildschirme schauen. Das ist das dritte mögliche Problem.

Seite 71

Aufgabe 4:

Im Folgenden werden drei Streitpunkte vorgestellt:
Smartphones stören die Konzentration:
Häufig wird die These aufgestellt, Kinder würden unaufmerksamer und hyperaktiver. Dies sei eine Folge der Nutzung digitaler Medien über das Smartphone. Der Zusammenhang, so merken Kritiker an, könnte auch umgekehrt sein: Kinder mit Aufmerksamkeitsdefiziten würden häufiger digitale Medien konsumieren.
Smartphones verursachen Sprachprobleme:
Die übermäßige Smartphone-Nutzung verschlechtere das Sprachvermögen. Dies wird immer wieder behauptet. Der entscheidende Aspekt dabei könnte ein anderer sein. Kinder mit einem hohen Medienkonsum erhalten möglicherweise von ihren Eltern weniger Förderung. Mit digitalen Medien könnten Lernprozesse auch abwechslungsreicher und motivierender gestaltet werden Auf diese Weise würde das Sprachvermögen durch digitale Medien sogar verbessert.
Smartphones sind schädlich für die körperliche Gesundheit:
Kurzsichtigkeit entstehe, wenn Kinder und Jugendliche zu viel auf die kleinen, sehr nah stehenden Bildschirme schauen. Das ist das dritte mögliche Problem. Zu wenig natürliches Licht ist nicht gut für die Augen, darüber besteht Einigkeit. Allerdings ist hier Folgendes zu beachten: Nicht nur Smartphones sind die Ursache dafür, sondern alle möglichen Arten von Bildschirmen.
Smartphones sind nicht grundsätzlich schlecht, das lässt sich zusammenfassend sagen. Vor allem die Dauer der täglichen Nutzung ist wichtig, hierfür sollte es klare Regeln geben. Kinder und Jugendliche müssen den bewussten Umgang mit digitalen Medien lernen. Grundsätzlich sollten Eltern ihre Kinder nicht mit digitalen Medien alleinlassen. Mögliche negative Folgen lassen sich hierdurch am besten vermeiden.

Seite 72

Aufgabe 5: (Beispiellösung)

1. Obwohl sie allen Spuren nachgegangen ist, steckt die Polizei bei ihren Ermittlungen in der Sackgasse.
2. Er wurde nur 27 Jahre alt, weil er an Tuberkulose starb.
3. 24-Jährige starb, kurz bevor sie „Ja" sagte.
4. Laut der amerikanischen Feuerwehr-Vereinigung sterben 40 Prozent der Opfer an der Vergiftung, ohne vorher aufzuwachen.
5. Wir freuen uns, wenn Sie vorne einsteigen und die Fahrkarte vorzeigen. Nutzen Sie zum Aussteigen bitte die hintere Tür.
6. Ehefrau und Mutter Judith managte fortan das Geschäft mit dem Eis. Mit 30 Jahren starb sie viel zu früh.

Seite 73

Aufgabe 6: (Beispiellösung)

1. Matthias schoss den Ball sehr schräg, dieser landete in der Seitenscheibe eines Autos.
2. Der Krieg kostete viele Menschen in Dörfern und Städten das Leben.
3. Für einen Russen hört sich das ganz anders an.
4. Beim Kugelstoßen ruht das Gewicht auf beiden Beinen.
5. Meine Mutter hatte Tee, Butterbrote und Äpfel bereitgehalten und erwartete deren völlige Vernichtung.
6. Mein Freund vermeidet es, wo er kann, Streit zu bekommen.

Seite 74

Aufgabe 1:

Der längste Städtename der Welt

Die thailändische Hauptstadt Bangkok ist immer noch eines der meist angeflogenen Reiseziele. Doch wer einen Flug in die Millionenmetropole buchen will, sollte sich auf den geläufigen Namen der Stadt berufen, deren Originalname weder einfach auszusprechen ist noch auf ein gängiges Buchungsformular passt. Denn der richtige Name von Bangkok lautet: Krung Thep Mahanakhon Amon Rattanakosin Mahinthara Ayuthaya Mahadilok Phop Noppharat Ratchathani Burirom Udomratchaniwet Mahasathan Amon Piman Awatan Sathit Sakkathattiya Witsanukam Prasit.
Übersetzt heißt das „Stadt der Engel, große Stadt [und] Residenz des heiligen Juwels Indras (Smaragd-Buddha), uneinnehmbare Stadt des Gottes, große Hauptstadt der Welt, geschmückt mit neun wertvollen Edelsteinen, reich an gewaltigen königlichen Palästen, die dem himmlischen Heim des wiedergeborenen Gottes gleichen, Stadt, die von Indra geschenkt und von Vishnukarm gebaut wurde".
Die Einheimischen nennen ihre Hauptstadt, deren Originalname übrigens der längste Städtename der Welt ist und ohne Leerzeichen 139 Zeichen umfasst, kurz und knapp Krung Thep, was schlicht und einfach „Stadt der Engel" bedeutet.

Durch Kniebeugen zu einem Freiticket

Wer in Moskau U-Bahn fahren möchte und keine 30 Rubel (etwa 70 Cent) zur Hand hat, kann sein Ticket mit einer ganz anderen Währung bezahlen: mit vollem Körpereinsatz. In der Metro-Station Wystawotschnaja steht ein Automat mit Sensoren, vor dem der Fahrgast nun dreißig Kniebeugen innerhalb von zwei Minuten machen muss. Schafft er das, bekommt er ein Freiticket spendiert.
Allerdings scheinen die Kniebeugen, deren Form der „Olympianorm" entsprechen muss, einige Fahrgäste arg zu strapazieren. Der Anklang ist trotzdem riesig. Das erste freie Ticket verdiente sich übrigens die Turnerin Jelena Samolodtschikowa, die bei den Olympischen Spielen in Sydney im Jahr 2000 zweifach Gold gewonnen hat. Sie hatte keine Probleme bei der Turnübung.

Seite 75

Aufgabe 2:

Thor holt seinen Hammer

Thor war der Sohn des Göttervaters Odin und Donnergott. Er trug stets seinen Hammer Mjolnir bei sich, der als mächtigste Waffe überhaupt galt und immer zu Thor zurückkehrte, sobald er ihn fortwarf. Eines Morgens bemerkte Thor mit Schrecken, dass sein Hammer fehlte. Vergebens durchsuchte er alle Räume seines Hauses. Da kam Loki, der listenreiche Gott, dem man nie trauen konnte, ob er auf der Seite der Riesen oder der Götter stand. Er konnte sein schadenfrohes Lächeln kaum verbergen, als Thor ihm sein Missgeschick erzählte. „Die Riesen werden ihn gestohlen haben", sagte Loki gleichmütig. „Wenn du willst, werde ich bei ihnen nachforschen." Und Thor willigte ein.
Von Frigga lieh sich Loki das Federgewand, flog nach Riesenheim und brachte schnell in Erfahrung, dass der Riese Thrym, der König der Unholde, den Hammer gestohlen und acht Meilen tief unter der Erde vergraben hatte. „Nur um einen Preis werde ich den Hammer herausgeben", rief der Riese, „nur wenn Frigga, die schönste Göttin, meine Frau wird."

Die Weltmaschine – ein Wunder, das niemand versteht

Der Österreicher Franz Gsellmann war sein Leben lang eine sonderbare Person, die schweigsam, exzentrisch und starrköpfig gewesen sein soll. Geboren wurde er 1910 in Kaag in der Steiermark. Gsellmann, dessen persönlicher Wunsch es eigentlich war, Elektriker zu werden, übernahm auf Anweisung seines Vaters den elterlichen Bauernhof. Die große Wende kam 1958. Auf einem Bild sah er das 102 Meter hohe Bauwerk des Brussler Atomiums, das ihn irrsinnig begeisterte. Sofort fuhr er nach Belgien und macht sich vor Ort ein genaues Bild von diesem Gebäude. Zurück zu Hause fängt er mit einer Leidenschaft, die ihresgleichen sucht, selbst an, eine Maschine zu bauen.
23 Jahre lang! Jeden Tag! Das Material dazu bekommt er von Schrottplätzen und Flohmärkten. Über den Sinn seiner gigantischen Maschine schweigt Franz Gsellmann beharrlich. Doch die Ausmaße der Konstruktion sind gewaltig. Kurz vor seinem Tod am 2. Juli 1981 erklärt er sein Werk für vollendet und nennt es Weltmaschine. Doch die Funktion ist bis heute ein Rätsel, das Gsellmann nie jemanden verraten hat.

Seite 76

Aufgabe 3:

Auszug aus dem Roman „Tschick"

Wir waren auf der Hochsprunganlage, und die Mädchen saßen nebenan im Gras, wo ihnen Frau Beilcke einen Vortrag gehalten hat. […] In Wahrheit hörten sie natürlich nicht zu, sondern guckten zu uns rüber. Tatjana hockte mit ihrer besten Freundin Natalie ganz am Rand. Sie hockten da und tuschelten. Und ich saß wie auf glühenden Kohlen. Ich wollte unbedingt drankommen, bevor Frau Beilcke mit ihrem Sermon zu Ende war. […] Als André sich über die Latte gequält hatte, gab es Mädchenjubel, und Frau Beilcke guckte streng. Bei eins fünfundfünfzig rief Natalie: „Das schaffst du, André!" Eine extrem blöde Anfeuerung, denn er schaffte es natürlich nicht. […] Als Nächstes feuerten sie Kevin an. Mathegenie Kevin. Aber über eins sechzig kam der auch nicht drüber. Und dann war nur noch ich drin. Wolkow ließ eins fünfundsechzig auflegen, und ich merkte schon beim Anlauf, das ist mein Tag. Es war der Tag des Maik Klingenberg. Ich hatte dieses Triumphgefühl schon beim Absprung. Ich sprang überhaupt nicht, ich segelte über die Anlage wie ein Flugzeug, ich stand in der Luft, ich schwebte. […] Als mein Rücken in die weiche Matte sank, hörte ich, wie auf der Jungenseite verhalten geklatscht wurde. Auf der Mädchenseite hörte ich nichts. Als die Matte mich wieder hochdrückte, war mein erster Blick zu Tatjana, und Tatjana guckte Frau Beilcke an. Natalie guckte auch Frau Beilcke an. Sie hatten meinen Sprung überhaupt nicht gesehen, die blöden Kühe.

Rezension zu „Tschick"

Maik Klingenberg, der Ich-Erzähler aus „Tschick", ist sicherlich kein typischer Held. Er beschreibt sich selbst als Außenseiter, der dazu noch langweilig ist. Und doch traut er sich, die Reise in dem Lada anzutreten. Aus dem Leben ausbrechen, das man gewöhnt ist, mit diesem Traum kann sich vermutlich jeder identifizieren. Der Autor beschreibt diese Reise so stimmungsvoll und witzig, dass man sofort mit ins Auto steigen möchte. Dabei wird aber nicht verschwiegen, wie ernst das Leben sein kann. Diese Kombination ist die größte Stärke des Romans, der nicht nur Jugendliche begeistern kann.

Seite 77

Frecher Straßendieb klaute ganze Straße

Geldbeutel, Handtaschen. Uhren, Handys sind Dinge, die Passanten täglich weltweit auf der Straße geklaut werden. Einem Mann in Russland war das jedoch zu wenig. Er klaute stattdessen eine ganze Straße! Er kam mit einem Kranwagen, mit dessen Hilfe er nachts insgesamt 82 Betonplatten abmontierte und damit seinen Lastwagen belud. Überführt wurde er nur, als er durch Zufall in eine Verkehrskontrolle kam. Jetzt drohen ihm zwei Jahre Haft. In Russland werden immer wieder Straßenteile geklaut, die anschließend auf dem Schwarzmarkt verkauft werden.

Hundert Jahre Licht: die am längsten brennende Glühbirne der Welt

1901 ging Dennis Bernal, dem Besitzer des amerikanischen Elektrizitätswerks „Livermore Power and Light Company", ein Licht auf. Er schenkte der örtlichen Feuerwehr von Livermore eine Glühbirne, die am 8.Juni des gleichen Jahres in die Fassung gedreht wurde und bis heute brennt. Damit ist sie nach Angaben des Guinessbuchs der Rekorde die älteste leuchtende Glühbirne der Welt.
Das Licht, das man liebevoll „Centennial Light" (Hundertjähriges Licht) nennt, wird alle zehn Sekunden über eine Webcam in die ganze Welt ausgestrahlt.

Berauschende Ehrlichkeit

Post von der Staatsanwaltschaft ist meistens sehr unerfreulich. Erst recht, wenn der Adressat ein Mitglied eines Oldenburger Rockerclubs wie Stephan H. ist. Als der seine Post öffnete, war die Überraschung groß.
Der Inhalt: Haschisch und Amphetamine!
Wie kam es dazu? In der Oldenburger Asservatenkammer (Raum für amtlich Aufzubewahrendes) kam es zu einem Zahlendreher, als die Polizei eine gefundene Uhr zurückschicken wollte. Der zuständige Beamte packte also mit gutem Gewissen die Drogen in ein Päckchen, das er an Stephan H. schickte.
Doch dieser Rocker bewies einen klaren Verstand und jede Menge Ehrlichkeit, weil er sofort zur Polizei marschierte und die illegalen Substanzen dort abgab. „Wir sind ehrliche Rocker und haben mit Drogen nichts am Hut", erklärte er der „Nordwest-Zeitung".

Seite 78

Aufgabe 4:

1. Ältere Menschen, die gerade Geld bei ihrer Bank abgehoben hatten, wurden seit Mai vermehrt Opfer von Taschendieben.
2. VW willigte ein, die Besitzer von Autos, deren Abgaswerte manipuliert worden waren, mit Motoren zu entschädigen.
3. Sie warfen Stöckchen, die die Hunde apportierten, in die Richtung der Sprayer.
4. Er vermittelt Rentner, die sich um den Garten und Haustiere kümmern und den Briefkasten leeren.
5. Beim 0:1 im Testspiel gegen den FC Ingolstadt zog sich Matthias Zimmermann, der eigentlich nach England wechseln wollte, einen Kreuzbandriss zu.

Seite 79

Aufgabe 5:

In diesem Buch da geht es um so einen Typen, der Michael Kohlhaas heißt und Pferde vertickt. Und dann muss er auf so einen Markt, und dann zieht ihm ein Ritter zwei Pferde ab, weil Kohlhaas hat keinen Passierschein. Aber der Ritter hat Kohlhaas verarscht, deswegen will der die Pferde zurück. Doch der Ritter hat die Pferde krass scheiße behandelt, deswegen tut Kohlhaas ihn verklagen. Und dann gibt es kein Geld, und dann versammelt Kohlhaas so ein paar Typen, und dann überfallen sie dem Ritter seine Burg, weil Kohlhaas will so Gerechtigkeit schaffen. Danach, ich schwör, ist er so richtig krass drauf und fackelt eine ganze Stadt ab und tut noch weitere Verbrechen begehen für seine Gerechtigkeit. Am Ende geht das natürlich nicht so wirklich gut aus und so, aber das ist auch nicht so wichtig, weil es geht viel um Gerechtigkeit und man tut sich beim Lesen auch Gedanken machen, wie man selbst handeln würde, wenn so'n Mist passiert.

Aufgabe 6: (Beispiellösung)

Die Novelle handelt von einem Pferdehändler namens Michael Kohlhaas. Bei einer Reise zu einem Markt werden ihm von einem Ritter zwei Pferde abgenommen. Der Grund dafür ist, dass Kohlhaas keinen Passierschein hat. Doch er findet heraus, dass das nur eine Lüge war.

Deswegen verlangt Kohlhaas die Pferde zurück. Allerdings hat der Ritter die Pferde sehr schlecht behandelt, deswegen verklagt Kohlhaas ihn. Weil er sein Geld nicht bekommt, überfällt Kohlhaas mit ein paar Gefolgsleuten die Burg des Ritters. Auf diese Weise will er sich Gerechtigkeit verschaffen. Aus diesem Grund begeht er noch weitere Verbrechen, beispielsweise zündet er eine ganze Stadt an. Am Ende wird Kohlhaas für diese Verbrechen verurteilt. Die Novelle lässt den Leser über Gerechtigkeit und das eigene Handeln nachdenken.

Seite 80

Aufgabe 1:

Soll man sich ein Tattoo stechen lassen?

Ich hätte sehr gerne ein schönes Tattoo, und wenn es nur ein kleines ist. Tattoos sind super. Aber meine Eltern haben es verboten, da ich noch nicht volljährig bin. Sie sagen auch einige Nachteile. Nun will ich sie überzeugen und stelle dem Vorteile entgegen. Mein Freund ist schon 18 Jahre und hat schon ein kleines, sehr originelles Tattoo an der Schulter. Man sieht es nur im Sommer, wenn er mit freiem Oberkörper badet. Wenn man es sieht, wird er immer sehr bewundert. Er hat es schon zwei Jahre und keinerlei Schwierigkeiten damit gehabt und ich würde ein solches Tattoo gerne im selben Tattoostudio vom selben Tätowierer stechen lassen.
Ich habe mich bei anderen erkundigt; auch Andere sind sehr zufrieden. Meine Eltern sagen, dass ich das Tattoo das ganze Leben haben werde, selbst wenn ich meinen Freund schon längst verlassen hätte. Dann sei es möglich, dass ich gar nicht mehr durch das Tattoo an ihn erinnert werden möchte. Hierzu ist Folgendes zu sagen: Erstens werden wir uns vorläufig nicht trennen. Zweitens ist das Motiv (eine seltsame Blume) so unauffällig, dass es keinen direkten Bezug nur auf meinen Freund gibt, was zum Beispiel bei einem Schriftzug mit seinem Namen der Fall wäre. Das Tattoo wird mich das ganze Leben an eine wunderschöne Zeit erinnern. Meine Eltern sagen noch, dass mir eventuell krebserregende Farben eingespritzt werden. Diesem Argument lässt sich zunächst nicht widersprechen. Dagegenhalten würde ich aber, dass man heute krebserregenden Stoffen, zum Beispiel in Plastikmaterialien und in der Umwelt, kaum entgehen kann. Sollte man deswegen alle schönen Dinge des Lebens meiden? – Natürlich nicht.

Seite 81

Aufgabe 2: (Beispiellösung)

Soll man sich tätowieren lassen?

Ich hätte sehr gerne eine schöne Tätowierung, und wenn es nur eine kleine ist. Ich finde Tätowierungen sehr gut. Aber meine Eltern haben es verboten, da ich noch nicht volljährig bin. Sie sagen, dass so ein Körperschmuck auch einige Nachteile hat. Mit dieser Stellungnahme möchte ich sie vom Gegenteil überzeugen.
Zunächst spricht Folgendes für eine Tätowierung: Mein Freund ist schon 18 Jahre alt und hat bereits eine kleine, sehr originelle Tätowierung an der Schulter. Man sieht sie nur im Sommer, wenn er mit freiem Oberkörper badet. Wenn man sie sieht, wird er immer sehr bewundert. Er hat sie schon zwei Jahre und bisher keinerlei Schwierigkeiten damit gehabt. Aus diesem Grund würde ich eine solche Tätowierung gerne im selben Tattoostudio vom selben Tätowierer stechen lassen. Außerdem habe ich mich bei weiteren Bekannten erkundigt. Auch sie sind sehr zufrieden mit diesem Studio.
Als Gegenargument führen meine Eltern an, dass ich die Tätowierung das ganze Leben behalten würde, selbst wenn ich meinen Freund schon längst verlassen hätte. Dann sei es möglich, dass ich gar nicht mehr durch die Tätowierung an ihn erinnert werden möchte. Dagegen lassen sich zwei Argumente anführen: Erstens werden wir uns vorläufig nicht trennen. Zweitens ist das Motiv (eine seltsame Blume) so unauffällig, dass es keinen direkten Bezug zu meinem Freund gibt. Anders wäre das bei einem Schriftzug mit seinem Namen. Ich kann die Tätowierung also in jedem Fall behalten.
Meine Eltern weisen noch darauf hin, dass mir eventuell krebserregende Farben eingespritzt werden. Dagegen anbringen würde ich, dass man eventuell krebserregenden Stoffen kaum entgehen kann. Sie befinden sich z.B. in Lebensmitteln, in Plastikmaterialien und in der Umwelt. Allerdings ist nicht garantiert, dass man dadurch an Krebs erkrankt. Hinzu kommt, dass nicht sicher ist, ob wirklich solche Farben benutzt werden. Da ich jetzt vorgewarnt bin, kann ich im Tattoostudio darauf achten.
Insgesamt möchte ich mich für eine Tätowierung aussprechen, da sich alle Bedenken ausräumen lassen. Es ist eine persönliche Entscheidung.

Seite 82

Aufgabe 3: (Beispiellösung)

Der Vorname des Bahnwärters Thiel bleibt ungenannt. Er gehört dem Kleinbürgertum an. Sein Körperbau ist sehr kräftig. Im Gegensatz dazu ist er geistig träge und willensschwach. Diese beiden Eigenschaften dominieren sein Verhalten.
Thiel ist gewissenhaft und pflichtbewusst, seinen Dienst versieht er ruhig, pedantisch und mechanisch. Ansonsten ist er phlegmatisch und eigenbrötlerisch, er hat nur zu wenigen Mitbürgern Kontakt, obwohl er jeden Sonntag zur Kirche geht.
In erster Ehe war er mit der schwächlichen und kränklichen Minna verheiratet. Nach der Geburt ihres Sohnes Tobias starb Minna im Wochenbett. Nachdem ein Jahr vergangen war, heiratete Thiel die robuste Lene, zu der er sich rein körperlich hingezogen fühlt. Andererseits erhofft er sich von ihr, dass sie seinen Sohn Tobias großzieht und ihren häuslichen Verpflichtungen als Ehefrau nachkommt.
Thiel ist von Lene abhängig und ordnet sich ihr unter. Bald bringt sie einen Sohn zur Welt, der im Text nicht namentlich genannt wird. Thiel verspürt keine väterlichen Gefühle für dieses Kind. Bald merkt er, wie Lene Tobias vernachlässigt. Da sich Thiel ihr gegenüber nicht durchsetzen kann, kann er auch diese schlechte Behandlung nicht verhindern. Das Bahnwärterhäuschen wird für ihn zu einem Rückzugsort, an dem er sich an seine erste Frau Minna erinnert. Dort meditiert er und verklärt Minna religiös. Nach und nach flüchtet sich Thiel immer mehr in seine Fantasiewelt und verliert allmählich den Verstand. Vollends wahnsinnig wird er, als sein Sohn Tobias von einem Zug erfasst und getötet wird. Daraufhin ermordet er seine Frau und den neugeborenen Sohn.

Seite 84

Aufgabe 4: (Beispiellösung)

Theodor Storm: „Die Stadt" – Gedichtinterpretation

In dem Gedicht „Die Stadt" von Theodor Storm werden die Wahrnehmungen und Gefühle beschrieben, die das lyrische Ich beim Anblick einer Stadt am Meer verspürt.
Bereits im Titel wird auf den Gegenstand der Beschreibung verwiesen. Allerdings beschreibt das lyrische Ich nicht die typischen Merkmale einer Stadt, wie beispielsweise Gebäude. Stattdessen stehen die Sinneseindrücke im Vordergrund, die es mit diesem Ort verbindet.
Das Gedicht besteht aus drei Strophen mit jeweils fünf Versen. In der ersten Strophe schildert das lyrische Ich seinen persönlichen Eindruck der Stadt. Dieser ist sehr düster und schwermütig, was durch die Anapher „grauen … grauen" (V. 1) und durch die Personifikation „Der Nebel drückt die Dächer schwer" (V. 3) verdeutlicht wird. Das Bild der Stadt ist wenig einladend, sie liegt „seitab" (V. 2), das lyrische Ich nennt sie „eintönig" (V. 5).
In der zweiten Strophe beschreibt das lyrische Ich, was es in der Stadt hört. Diese Eindrücke verstärken die trostlose Stimmung, da „kein Wald [rauscht]" (V. 6), es also keine Natur gibt. Stattdessen „weht [nur] das Gras" (V. 10) und gibt dem Ort etwas Unheimliches, beinahe Deprimierendes. Das einzige Naturgeräusch ist „die Wandergans mit hartem Schrei" (V. 8). Dieser Zugvogel ist eine Metapher für das Positive, das schnell wieder aus der Stadt verschwindet.
In der letzten Strophe wandelt sich die Stimmung des Gedichts. Das lyrische Ich spricht die Stadt direkt an und zeigt seine tiefe Verbundenheit mit ihr. Grund dafür sind seine glücklichen Jugenderinnerungen, die es immer mit der Stadt verbindet. Die Anaphern „für und für" (V. 13) und „auf dir, auf dir" (V. 14) wirken märchenhaft und verstärken die positiven Gefühle des lyrischen Ichs für die Stadt. Dabei verdrängt es jedoch nicht die vorher beschriebenen Eindrücke, es nennt sie immer noch „grau" (V. 15). Jedoch wiegt das Heimatgefühl für das lyrische Ich so schwer, dass am Ende ein eher positiver Eindruck bleibt.
Beim Lesen des Gedichts konnte ich die dargestellte Sichtweise gut nachvollziehen. Ich habe gemerkt, dass meine Heimatgefühle sehr stark sind, die Verbundenheit mit meinem Heimatort ist groß. Auch die Gründe, die das lyrische Ich im Gedicht für diese Gefühle anführt, kann ich gut nachempfinden.
Abschließend lässt sich sagen, dass Theodor Storm ein Gedicht verfasst hat, welches sowohl die negativen Aspekte dieser Küstenstadt als auch seine Verbundenheit mit ihr zum Ausdruck bringt.

Seite 86

Aufgabe 5: (Beispiellösung)

Bewerbung um einen Praktikumsplatz

Susanne Winter
Pritzwalker Straße 53
16866 Kyritz

Kyritz, den 16. April 2020

Krankenhaus Kyritz
Personalabteilung
Dorothee Schmidt
Perleberger Straße 12
16866 Kyritz

Schülerpraktikum

Sehr geehrte Frau Schmidt,

mein Name ist Susanne Winter, ich gehe in die 9. Klasse der Lindenschule in Neustadt. Im Rahmen des Betriebspraktikums meiner Schule vom 11.06. – 22.06.2020 möchte ich mich bei Ihnen um einen Praktikumsplatz bewerben.

Ich habe mir Ihren Betrieb ausgesucht, weil ich mich sehr für Medizin interessiere und später einmal sehr gerne als Krankenschwester arbeiten würde. Da ich bisher noch keine praktischen Erfahrungen im medizinischen Bereich gemacht habe, würde ich das Praktikum dazu nutzen wollen, um möglichst viele Einblicke in den Arbeitsalltag der PflegerInnen zu bekommen. Ihr Haus ist mir bereits durch zwei medizinische Behandlungen vertraut, während derer ich mich durch die herzliche Atmosphäre sehr gut aufgehoben fühlte.

Aufgrund meines persönlichen Interesses habe ich bereits einige Vorkenntnisse zum Thema Medizin erworben. Darüber hinaus kann ich mir neues Wissen schnell aneignen und bin sehr zuverlässig. Im Umgang mit anderen Menschen wurde mir schon häufiger ein mitfühlendes Wesen bescheinigt.

Über eine Einladung zu einem Gespräch würde ich mich sehr freuen.

Mit freundlichen Grüßen

Susanne Winter

Anlagen: Lebenslauf mit Foto, Kopie des letzten Zeugnisses

Seite 88

Aufgabe 6: (Beispiellösung)

Praktikumsbericht – Tagesbericht

Heute begann mein Arbeitstag in der Hotelküche um 7:00 Uhr. Ich war Frau Weiß zugeteilt, um das Frühstück für ihre Gäste vorzubereiten. Als erstes musste ich in der Küche zwei Melonen halbieren. Anschließend musste ich die Kerne vorsichtig mit einem Löffel auskratzen und die Melonen in Streifen schneiden und diese auf Platten legen. Im Anschluss zeigte mir Frau Weiß, wie man Apfelsinen filetiert. Dabei muss man die Frucht folgendermaßen von ihrer Schale befreien: Man macht erst einen Einschnitt und schneidet dann mit einem großen, scharfen Messer an der Seite der Schale hinunter und an der anderen Seite hoch. Weil mir das Filetieren schwerfiel, half mir Frau Weiß dabei.
Gegen 7:30 Uhr holte ich Joghurt aus dem Kühlraum und rührte ihn mit Kirschen und Mandarinen an. Ich musste die Joghurtspeise auch selbst abschmecken. Frau Weiß prüfte, ob sie auch tatsächlich schmeckt. Danach hatte ich erst einmal Pause.
Um 8:30 Uhr musste ich die Wurstplatten belegen. Als ich damit fertig war, musste ich Tomaten vierteln und Ananas in kleine Stücke schneiden. Zuletzt musste ich noch Müsli in große Müslischalen schütten.
Im Anschluss half ich, die Speisen in den großen Frühstücksraum zu tragen.
Von 9:30 Uhr bis 9:45 Uhr durfte ich eine kurze Pause machen. Nach der Pause habe ich dann die Kaffeemaschine bedient.
Nachdem das Frühstück beendet war, musste ich für den Küchenchef etwa 20 kg Kartoffeln schälen. Das dauerte bis 12:30 Uhr. Als letzte Aufgabe für diesen Tag schnitt ich die geschälten Kartoffeln noch in Scheiben. Der Küchenchef sagte mir, dass ich meine Arbeit sehr gut gemacht hatte. Mein Arbeitstag endete um 14:00 Uhr.

Seite 90

Aufgabe 7: (Beispiellösung)

Beschreibung der Figur Tschick

Tschick ist eine der beiden Hauptfiguren in dem Roman „Tschick" von Wolfgang Herrndorf. Er ist 14 Jahre alt, kommt aus Russland und lebt mit seinem großen Bruder in Berlin. Seine Muttersprache ist Russisch, obwohl er deutsche Vorfahren hat. Erst in Deutschland hat er Deutsch gelernt. Trotzdem spricht und versteht er die Sprache sehr gut. Außerdem hat er es in vier Jahren von der Förderschule bis auf das Gymnasium geschafft. Das zeigt, dass er sehr intelligent ist.
Äußerlich auffällig ist vor allem sein Gesicht, wegen seiner Augen wirkt es sehr asiatisch. Seine Kleidung sieht nicht besonders gut aus: Er trägt immer ein schmutziges weißes Hemd und Schuhe, die wie tote Tiere aussehen. Als Tschick neue Schuhe hat, denken alle, dass diese geklaut sind. Über seine Familie, außer über seinen Bruder, erfährt man sehr wenig. Über diesen Bruder gibt es viele Gerüchte, z. B. soll er ein Waffenschieber sein. Diese werden jedoch nie bestätigt. Ein wenig kriminell scheint er allerdings zu sein: Tschicks Bruder hat ihm gezeigt, wie man Autos kurzschließt und Auto fährt.
Tschick findet zunächst keine Freunde, als er neu in der Klasse ist. Allerdings versucht er auch nicht, sich mit jemandem anzufreunden, und verhält sich im Unterricht unauffällig. Die anderen beachten Tschick nach einiger Zeit nicht mehr.
Tschick hat nur ein Problem: Er trinkt regelmäßig Alkohol und kommt dann betrunken in die Schule. Maik erkennt das schon an Tschicks erstem Tag in der Schule. Auch dessen Mitschüler und die Lehrer haben sehr schnell einen Verdacht, weil er oft schlechte Noten schreibt, und dann wieder gute Noten. Das hängt davon ab, ob er getrunken hat oder nicht. Wenn er getrunken hat, schreibt er eine Fünf, wenn er nicht getrunken hat, eine Zwei.
Die meiste Zeit wirkt Tschick etwas verwahrlost, aber dieser Eindruck täuscht, wie man im Verlauf der Handlung erfährt. Er und Maik werden gute Freunde, weil Tschick auch mitfühlend sein kann. Außerdem macht er sich nicht lustig über andere und respektiert ihre Gefühle. Wenn er sich komisch benimmt und Witze macht, dann nur in den passenden Situationen. Im echten Leben könnte er ein Mensch sein, mit dem man gerne etwas zu tun haben würde.

Seite 92

Aufgabe 8: (Beispiellösung)

Interpretation einer Textstelle aus „Tschick"

Obwohl die gesamte Reise von den beiden Helden leicht und locker genommen wird, hat Maik immer wieder schwermütige Gedanken. Er denkt über die menschliche Vergänglichkeit und das Älterwerden nach. Am meisten bedrückt ihn der Gedanke, dass alle Jugendlichen ohne Ausnahme unerbittlich älter werden und dass nichts von ihrer Jugend übrig bleibt. Dies kommt ihm bereits an einer anderen Stelle im Roman in den Sinn, als er eine Rentner-Reisegruppe beobachtet. Dabei gelangt er zu der Erkenntnis, dass auch er selbst eines Tages so aussehen wird wie diese Senioren. Diese Gedanken werden in der Episode auf dem Berg noch stärker hervorgehoben. Besonders betroffen ist Maik von der Schnitzerei Anselm Wails aus dem Jahr 1903. Er muss daran denken, dass von diesem Mann und seinem Leben vermutlich nichts mehr übrig geblieben ist und dass die Zeit all seine Spuren verwischt hat. Maik wird sehr melancholisch, als er darüber nachdenkt, dass es mit ihm genauso sein wird. Auch von ihm wird mit der Zeit nichts mehr da sein. Wer er war und was ihm in seinem Leben wichtig war, das wird irgendwann niemanden mehr interessieren.
Die Erlebnisse auf der Reise führen bei Maik erstmals in seinem Leben zu Gedanken solcher Art. Er ist vierzehn Jahre alt und hatte bisher keinen Anlass, sich Gedanken über das Altern und Sterben zu machen. Um sich von derartigen Gedanken abzulenken, schlägt er Isa und Tschick vor, sich in fünfzig Jahren wieder auf dem Berg zu treffen. Auf diese Weise will er verhindern, dass sie einander vergessen. Damit will er auch die Reise mit dem Lada und die damit verbundenen Erlebnisse unvergesslich machen.
Gleichzeitig hat die Episode auf dem Berg auch etwas Lustiges: Als Tschick die Initialen der drei in eine Bank schnitzt, macht Isa einen dazu passenden Scherz. Dadurch passt die Szene sehr gut zum Gesamteindruck des Romans, in dem sich immer wieder lustige und nachdenkliche Szenen abwechseln. Außerdem endet die Textstelle auf diese Weise sehr versöhnlich und in einer optimistischen Stimmung.

Seite 94

Aufgabe 9: (Beispiellösung)

Lieber Lukas!

Schon sehr lange plagt mich mein schlechtes Gewissen, weil ich mich noch nie bei dir gemeldet habe. Heute habe ich mich endlich dazu durchgerungen, dir zu schreiben. Sicher hast du von mir bisher nur Schlechtes gehört. Und ich habe wirklich keine Heldentat vollbracht. Ich will auch nichts beschönigen. Ich war so tief gesunken, dass ich in Liebenberg nicht mehr leben konnte. Alles fing damit an, dass ich zu keinem Zeitpunkt auch nur eine einzige Entscheidung über meinen Lebensweg selber treffen konnte. Jahrelang stand ich unter der Knute meines Vaters, deines Großvaters, der mich immer und überall klein halten wollte. Immerzu wollte er mich zwingen, Zimmermann zu werden. Auf meine Interessen, Wünsche oder Fähigkeiten ging er zu keinem Zeitpunkt ein. Das Leben war ein Graus! Dann habe ich das Heil im Alkohol gesucht und natürlich nicht gefunden. Hinzu kam die Spielsucht, furchtbar! Ich habe damals nur einen einzigen Ausweg gesehen: Nur weg! Das Auswandern fiel mir nicht leicht, hat mir aber sehr geholfen.

Deswegen will ich keinen ellenlangen Brief schreiben, ich möchte dir nur aus meiner Erfahrung heraus Folgendes raten:

1. Befreie dich aus den Klauen deines Großvaters!
2. Tu das, was du willst, und nicht, was der Alte will!
3. Meide den Alkohol! Meide das Glücksspiel!

Ich schicke dir einige meiner Bilder, die du hoffentlich gut verkaufen kannst. Und sei lieb zu deiner Mutter!

Dein dich liebender Vater

Karl

Seite 96

Aufgabe 10: (Beispiellösung)

Sollte man Smartphones in der Schule erlauben?

Smartphones in der Schule zu erlauben, hat viele Vorteile. Zum einen vermittelt dies ein gutes Sicherheitsgefühl. Eltern sind beruhigt, wenn sie die Kinder mit Handys ausstatten. Auf diese Weise kann man bei Notfällen schnell Hilfe holen. Ebenso fühlt man sich selbst auf dem Schulweg sicherer, wenn man ein Handy bei sich hat. Weiterhin fördern Handys das Lernen. Vielen Schülern (auch mir) macht das Lernen mit dem Handy viel Spaß. Die Begeisterung von Schülerinnen und Schülern führt zu besseren Ergebnissen, was Studien belegen. In der Studie „Cell Phones in the Classroom: Teachers' Perspective of Inclusion, Benefits and Barriers" aus dem Magazin „Computers in the Schools" wird diese Begeisterung als Hauptgrund genannt, aus dem 69 Prozent aller Lehrer die Nutzung von Smartphones im Unterricht unterstützen. Dafür spricht auch, dass Smartphones gut für Recherchen sind. Die Schüler gewännen die Möglichkeit, Quellen zu erkunden, die sonst nicht verfügbar sind. Es sollte aber auf bestimmte Situationen ausgerichtet bleiben, was selbstverständlich auch in der Schule geübt werden muss. Denn ohne Weiteres beherrscht man diese besondere Nutzung eines Smartphones nicht.

Smartphones in der Schule bringen auch Nachteile. Es besteht die Möglichkeit, dass Handys eine Ablenkung werden, auch wenn sie im Unterricht nach Forderung des Lehrers abgestellt und in der Tasche verstaut sind. Des Weiteren machen es Smartphones unmöglich, Regeln einzuhalten. Beispielsweise werden auch im Unterricht Zettel zugeschoben, was nie erlaubt war und trotzdem gemacht wurde. Auch mit Smartphones kann man die Gelegenheit nutzen, um Informationen weiterzugeben. Ein noch stärkeres Argument ist, dass Smartphones eine Möglichkeit zum Betrügen bieten. Ein Smartphone kann ein besserer Spickzettel sein, da es das gesamte Wissen der Welt zugänglich macht. Eine Umfrage bei Schülern ergab, dass 35 Prozent im Unterricht schon einmal mit dem Smartphone betrogen haben.

Wenn man nun die Vorteile und Nachteile vergleicht, so wird nach meiner Meinung deutlich, dass die Vorteile überwiegen. Wegen der genannten Nachteile auf Smartphones zu verzichten – das ist meiner Meinung nach weltfremd. Man muss nur darauf achten, dass bestimmte Bedingungen erfüllt sind. So wirken sich die Nachteile weniger aus. Außerdem wird es auch eine Frage der Gewöhnung sein. Letztendlich verlangt die Vorbereitung auf das Leben und den Beruf meiner Meinung nach, dass die Schule den richtigen Umgang mit Smartphones schult. Digitalisierung ohne gezielte Einführung des Handys kann nicht erfolgreich sein.

Seite 98

Aufgabe 11: (Beispiellösung)

Hans Herbert Ohms: „Abends am Fenster" – Gedichtinterpretation

Das Gedicht „Abends am Fenster" von Hans Herbert Ohms stellt Betrachtungen und Gefühle des lyrischen Ichs dar, als es abends am Fenster steht und auf die Stadt blickt. Das lyrische Ich ist vermutlich eine junge Frau. Sie wohnt in einer Großstadt, sehr wahrscheinlich an einer viel befahrenen Straße, allein in einem einzelnen Zimmer. Am Tag kann sie kaum das Fenster öffnen, weil dann zu viel Lärm von Fahrzeugen ins Zimmer kommen würde. Abends sieht sie die beleuchteten Fenster in den gegenüberliegenden Wohnblocks. Die junge Frau genießt es sehr, wenn sich die Stadt beruhigt hat, am Fenster zu stehen und ein bisschen zu träumen. Das verdeutlicht, dass sie ein gefühlvoller Mensch ist. Außerdem wirkt die junge Frau naturverbunden, da der Vollmond sie ein wenig anrührt.

Das Gedicht besteht aus sieben Strophen mit je vier Versen. Es wird in allen Strophen der Kreuzreim verwendet. Auffällig sind die zahlreichen Personifizierungen. So wird die laute Großstadt als „Polterstadt" bezeichnet. Die Lichter der Häuserblocks sind „gelbe Fenstersterne", die Lichter der Autos „Autoblitze", und die Reklameschriftzüge im Dunkeln werden als „blaue Worte und ein Bild darüber" benannt. Eine Personifikation liegt auch vor, wenn beschrieben wird „Unten schläft die Straße ein". Durch die bildhafte Sprache kann man sich den Anblick der abendlichen Großstadt, durch den das lyrische Ich zum Träumen angeregt wird, gut vorstellen.

Mir gefällt das Gedicht sehr gut, weil es die Stimmung des lyrischen Ichs gut erahnen und nachvollziehen lässt.

3 Setze im folgenden Text **das** oder **dass** richtig ein.

Sich auf das Wesentliche konzentrieren

Durch Übungen wie die mit dem Eiswürfel in der Hand lernen die Schülerinnen und Schüler, sich auf ______ zu konzentrieren, was sie im Moment gerade tun. Für Nabila bedeutet ______: Sie versucht, nicht über das Wochenende nachzudenken, ______ gerade vorbei ist. Auch nicht daran, ______ sie bald eine Mathearbeit schreiben werden. Forscher haben herausgefunden, ______ viele Dinge uns Menschen stressen, ohne ______ wir sie wahrnehmen. Ein Beispiel: Man hat schlechte Laune, ohne ______ man weiß, warum genau. Es könnte am neuen Lehrer liegen, mit dem man nicht klarkommt – oder auch an einem Streit mit dem besten Freund vor ein paar Tagen. Erst wenn man erkennt, ______ ______ an diesem oder jenem Umstand liegt, sinkt der Stress, und Probleme können gelöst werden. Deshalb sollen bereits Schülerinnen und Schüler lernen, ______ sie sich selbst gegenüber aufmerksam sein müssen.

In Amerika wird Achtsamkeit schon seit vielen Jahren an Schulen trainiert. Studien haben gezeigt, ______ sich die Lage mithilfe dieses Unterrichts verbessert, ______ Schülerinnen und Schüler weniger aggressiv werden, ______ sie seltener im Unterricht fehlen, ______ sie besser lernen und zufriedener sind. Wissenschaftler wollten nun wissen, ob ______ auch in Deutschland funktioniert. Sie beschlossen: ______ probieren wir aus.

Die bisherigen Ergebnisse zeigen, ______ die Schülerinnen und Schüler sich wohler fühlen, weniger gestresst sind und besser mit Streit und Problemen umgehen können, ______ sie sich besser konzentrieren können und gesünder sind.

4 Lies die Texte und ergänze die richtigen Buchstaben: **s**, **ss** oder **ß**.

Man kann auf viele verschiedene Arten trainieren, achtsamer zu werden. Es geht auch ganz allein und zu Hause – zum Beispiel so:

1. Schritt: Die Fü__e stehen parallel und wei__en nach vorn. Die Hände liegen auf den Knien. Dabei sich gro__ machen und den Rücken gerade aufrichten, da__ Becken ein bi__chen nach vorn strecken. Der Hal__ mu__ die Verlängerung der Wirbel__äule sein. Die Augen sind geschlo__en.
2. Schritt: Jetzt alles au__blenden und die Aufmerksamkeit blo__ auf den Atem richten. Beim Atmen von ein__ bis vier zählen.

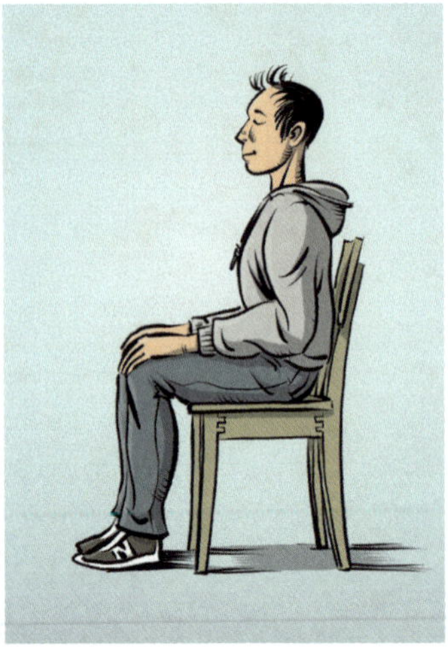

1. Schritt: Ganz gerade stehen. Die Fü__e stehen parallel und etwa schulterbreit. Jetzt da__ Gewicht auf da__ linke Bein verlagern.
2. Schritt: Das rechte Bein so weit hochheben, da__ man gerade noch stehen kann. Viermal ein- und au__atmen.
3. Schritt: Die Arme hochheben und viermal ein- und au__atmen.

1. Schritt: Aufrecht stehen, die Fü__e schulterbreit.
2. Schritt: Ganz lang__am die Arme an der Seite nach oben wandern la__en. Die Handflächen wei__en dabei nach oben.
3. Schritt: Beim Au__atmen den Oberkörper nach vorn fallen la__en. Kopf und Arme mü__en hängen bleiben.
4. Schritt: Lang__am wieder aufrichten.

»» deutsch.kombi plus 9, S. 47; 10, S. 98

1. Schritt: Die Schultern nach unten fallen la__en. Der Kopf mu__ gerade gehalten werden. Ein Bein vorstellen und da__ Gewicht nach vorn verlagern.

2. Schritt: Arme nach vorn strecken, so da__ sie in einer Linie mit dem hinteren Bein sind. Die Handflächen zeigen zueinander. Die__e Stellung für eine Weile halten.

5 Setze den Plural folgender Substantive/Nomen in die Lücken ein.

Zeugnis – *Zeugnisse*__________, Globus – __________, Iltis – __________

Omnibus – __________, Hindernis – __________, Atlas – __________

Ereignis – __________, Ergebnis – __________, Gefängnis – __________

6 Trage die fehlenden Wortformen in die Tabelle ein.

Infinitiv	finite (gebeugte) Verbformen	Substantiv/Nomen
fließen	sie fließt, sie floss	der Fluss, das Floß
heißen		
beißen		
büßen		
gießen		
messen		

7 Setze die richtigen Wörter in die Sätze ein.

1. **bis** oder **Biss**?

Der Schlangen__________ heilte lange nicht. Sie wartete, __________ er anrief.

2. **fast** oder **fasst**?

Er __________ kräftig mit an. Er wäre __________ umgefallen.

3. **hast** oder **hasst**?

__________ du das auch gehört? __________ du das genauso wie ich?

4. **ist** oder **isst**?

Sie __________ gerne Schokolade. Er __________ nicht begeistert.

Hirnimplantate – eine Frage der Zeit?

1 Lies den Text und versuche, ihn trotz der vielen Fremdwörter zu verstehen.

Der Chip im Gehirn gesunder Menschen erscheint hierzulande noch immer vor allem als Science-Fiction. Im Silicon Valley[1] halten viele dagegen diesen Schritt für unausweichlich. […] Ziel ist es, die Fähigkeiten des menschlichen Gehirns zu erweitern. Auch der amerikanische Neurochirurg und Buchautor Eric Leuthardt ist überzeugt, dass wir es Ärzten erlauben werden, Chips in unser Gehirn zu implantieren, die es uns erlauben, direkt mit anderen Menschen und Computern zu kommunizieren.

Herr Leuthardt, in Ihrem ersten Roman […] haben 90 Prozent der Menschen Computer-Hardware in ihrem Gehirn implantiert. Dies ermöglicht die nahtlose Verbindung zwischen Menschen und Computern. Glauben Sie, dass das Wirklichkeit wird?
Oh ja, die einzige Frage ist, wann. Ob es 10, 20, 30 oder 100 Jahre dauern wird. Die Technologie ist bald so weit. […]

Sie sind Neurochirurg. Ich nehme an, Ihre Arbeit gibt Ihnen diese Gewissheit?
So ist es. In meiner Firma […] stellen wir Technologien für [die Schlaganfall-Patienten] her. Wir haben kürzlich unsere erste klinische Studie erfolgreich abgeschlossen. […]

Warum haben Sie anstelle eines Implantats ein Headset verwendet?
[…] Ein Grund ist die Einstellung der Patienten. Ein Chip im Gehirn scheint immer noch sehr wie Science-Fiction. Jetzt können sich die Leute erstmal mit dieser Version vertraut machen. Irgendwann wird ihnen der Gedanke kommen, dass sie mit einem Implantat viel mehr bekommen können.

Glauben Sie, dass sich die Vorbehalte so leicht überwinden lassen?
Ich denke, der beste Weg, über die Zukunft nachzudenken, ist, sich die Geschichte vorzunehmen. Die Vorstellung, dass jeder einen Computer mit sich herumträgt […], mit dessen Hilfe man nur durch das Tippen mit dem Finger Zugang zu allen Informationen hat – für Menschen vor 20, 30 Jahren wäre das absolut beängstigend gewesen.
Und wenn man jetzt 20, 30 Jahre vorwärtsspult, dann wird die Frage nicht sein: Oh mein Gott, soll ich einen Chip in mein Gehirn einpflanzen lassen? Die Frage wird sein: Warum nicht? […]

Die Vorteile für Schlaganfallpatienten liegen auf der Hand. Aber für gesunde Menschen?
Mit einem Chip im Hirn haben Sie alle Informationen nicht nur zur Hand, sondern tatsächlich in Ihrem Kopf. Sie können durch Ihre Gedanken auf Informationen zugreifen. Sie können viel einfacher mit Menschen kommunizieren. Sie können virtuelle Realität wie aus erster Hand erleben, im Himalaya wandern, während Sie zu Hause auf Ihrer Couch sitzen. […] Aber für die menschliche Spezies ist etwas anderes am Wichtigsten [sic!]: Die menschliche Intelligenz ist die wichtigste Ressource, die wir haben. Und mit Implantaten können wir sie steigern und so Probleme lösen, die die Erde bedrohen.

1 Silicon Valley (engl. für ‚Silicium-Tal') ist der bedeutendste Standort der High-Tech-Industrie in den USA.

 «» deutsch.kombi plus 9, S. 194; 10, S. 134

2 Welche Bedeutung haben diese Fremdwörter? Verbinde sie mit den Erklärungen.

1. implantieren	a) Informationen austauschen oder übertragen
2. kommunizieren	b) Versuche durchführen, um Neues zu entdecken
3. konzentrieren	c) etwas operativ in einen Organismus einpflanzen
4. reagieren	d) jemanden oder etwas zum Teil eines Ganzen machen
5. experimentieren	e) die Aufmerksamkeit intensiv auf etwas richten
6. integrieren	f) in bestimmter Weise als Antwort auf eine Aktion handeln

3 Notiere zu diesen Fremdwörtern je zwei verwandte Wörter.
Nutze, wenn nötig, ein Wörterbuch.

implantieren *Implantation, Implantat* ______

konzentrieren ______

reagieren ______

experimentieren ______

integrieren ______

4 Suche im Wörterbuch die (häufigste) Bedeutung dieser typischen Präfixe (Vorsilben):
anti-, **syn-**, **kilo-**, **maxi-**, **mini-**, **inter-**. Ordne zu.

1. anti-	a) größt-, höchst-
2. syn-	b) tausend-
3. maxi-	c) sehr klein, kurz
4. mini-	d) zwischen
5. inter-	e) gegen jemanden oder etwas gerichtet
6. kilo-	f) mit, zusammen

5 Notiere je zwei Wörter mit den unten stehenden Präfixen.

anti- syn- maxi- mini- inter- kilo-

6 Diesen Text hat eine Schülerin verfasst. Leider war sie nicht so vertraut mit Fremdwörtern. Ihr sind zehn Fehler unterlaufen. Finde sie und schreibe die Fremdwörter korrekt auf. Benutze in Zweifelsfällen ein Wörterbuch.

E. T. A. Hoffmann – ein Repräsentand der deutschen Romantik

Der Schriftsteller, Jurist, Komponist, Kapelmeister, Musikkrietiker, Zeichner und Karikaturist erlangte als wichtiger Prosadichter der Romahntik Bekanntheit. Neben Märchen, Geschichten und Novellen schrieb Ernst Theodor Amadeus Hoffmann auch krietische Texte. Im Grundsatz ist sein Werk gekennzeichnet vom Gegensatz von pantasiereicher Kunst und bürgerlicher Normalitet. Oftmals sind – wie auch bei anderen Romantikern – die Grenzen von Fiksion und Realitet verwischt. Mit seiner sonderbaren Verfremdung in seinen Kunstmärchen und Novellen bereicherte er dieses Gener.

Repräsentant,

7 Suche zu diesen typischen Fremdwortsuffixen (Nachsilben) je zwei Beispiele. Denke auch an Fremdwörter aus dem Deutschunterricht.

-ie: *Strategie, Orthografie*

-ist:

-ik:

-ion:

-tät:

-ent:

-ant:

-anz:

-enz:

-ment:

deutsch.kombi plus 9, S. 195; 10, S. 134

8 Schreibe zu diesen Substantiven/Nomen entsprechende Adjektive auf.

1. Theorie *theoretisch* ______
2. Technologie ______
3. Chirurgie ______
4. Statistik ______
5. Grammatik ______
6. Kritik ______

9 Finde zu diesen Adjektiven entsprechende Substantive/Nomen und Verben.

1. operativ: *Operation, operieren* ______
2. organisatorisch: ______
3. kommunikativ: ______
4. funktional: ______
5. informell: ______
6. reaktiv: ______

10 Überprüfe die Schreibweise der Fremdwörter mit Hilfe eines Wörterbuchs. Schreibe die Wörter richtig auf.

Deutungshypotese ______

lyerisch ______

auktoryal ______

Nummerus ______

literarich ______

11 Erkläre mit Hilfe des Wörterbuchs die Bedeutung von drei Fremdwörtern aus Aufgabe 10.

______

______

______

______

______

______

______

______

______

______

______

______

______

«» deutsch.kombi plus 9, S. 196; 10, S. 134

Hervorragend vortragen

1 Lies den Text über die wichtigsten Punkte bei einem Vortrag.

Wichtiges in wenigen Worten

Bei einem Vortrag lauern überall versteckte Risiken. Manch einer wiederholt sich ständig, ein anderer präsentiert tausend wichtige Stichpunkte und kann das Wichtigste nicht deutlich machen. Und dann geht auch der Einsatz der Technik schief.

Hier sind einige Tipps für einen gelungenen Vortrag:

Guter Einstieg

Der Beginn sollte die Zuhörer neugierig auf den Vortrag machen. Am besten schaltet man hier eine Anekdote oder eine überraschende Bemerkung ein. Die Bedeutung für den Vortrag sollte aber deutlich sein, schließlich geht es nicht nur um Unterhaltung.

In der Kürze liegt die Würze

Anfänger machen oft einen typischen Fehler, indem sie ihren Vortrag überfrachten. Sie tragen zunächst viel zu viel zum Thema zusammen und stopfen dann alles in ihren Vortrag hinein. Es kommt aber darauf an, dass man die Kernpunkte herausarbeitet.

Am besten schreibt man sich nur ein paar besonders relevante Fakten auf. Diese sollte man schon im Einstieg vorstellen. Zum Schluss wiederholt man sie, dann bleibt bei den Zuhörern wesentlich mehr hängen.

Zeit ist Geld

Wenn man seinen Text vorab einmal komplett vorträgt, kann man die Dauer des eigentlichen Vortrags viel besser abschätzen. Wenn man seine Notizen nur noch herunterrattert, dann steigt der aufmerksamste Zuhörer irgendwann aus.

Bei Technikfragen zielgerichtet bleiben

Beliebt bei nervösen Rednern: Seinen Vortrag wortwörtlich ablesen. Und dann überträgt man den Text auf Powerpoint-Folien. Allerdings lesen auf diese Weise alle mit, statt dem Redner zuzuhören. Freies Sprechen zieht die Aufmerksamkeit auf den Vortragenden selbst.

Ende gut, alles gut

Was bleibt am Ende eines Vortrags beim Zuhörer haften? Natürlich das Ende selbst. Oft kann man nur das wirklich nachvollziehen, was man in den letzten Minuten gehört hat. Deswegen ist Wiederholung keine Schande. Im Einstieg kündigt man also seine Kernpunkte an. Dann geht man sie während des Vortrags im Einzelnen durch. Zum Schluss fasst man noch einmal zusammen, was man schon im Einstieg erklärt hat.

 «» deutsch.kombi plus 9, S. 48; 10, S. 99

2 In dem Text sind Verben markiert. Schreibe sie im Infinitiv auf.

schiefgehen, einschalten,

3 Schreibe mit jedem Verb einen Satz im Präsens auf. Forme ihn dann ins Perfekt um.

Präsens	Perfekt
Es geht schief.	*Es ist schiefgegangen.*
Er schaltet das Radio ein.	*Er hat das Radio eingeschaltet.*

«» deutsch.kombi plus 9, S. 48; 10, S. 99

4 Manche Verben werden nur dann zusammengeschrieben, wenn sie in einer übertragenen Bedeutung gebraucht werden. Setze das richtige Verb ein.

1. **frei sprechen** oder **freisprechen**?

a) Bei guter Vorbereitung deines Referates wird es dir gelingen, *frei zu sprechen*.

b) Liest du hingegen alles ab, kann man dich von der Schuld an der Langeweile der Zuhörer nicht *freisprechen*.

2. **gut gehen** oder **gutgehen**?

a) Keine Angst, es wird schon ____________________.

b) Nach dem Beinbruch kann sie schon wieder ____________________.

3. **richtig stellen** oder **richtigstellen**?

a) Bei seinem Vortrag muss er sich ____________________.

b) Zuerst muss ich etwas ____________________.

4. **schwer fallen** oder **schwerfallen**?

a) Er musste ins Krankenhaus, nachdem er ____________________ war.

b) Bei einem interessanten Thema wird dir ein spannendes Referat nicht ____________.

5. **sitzen bleiben** oder **sitzenbleiben**?

a) Du solltest bei deinem Vortrag nicht ____________________.

b) Wenn du nicht lernst, wirst du ____________________.

5 Diese Verben werden immer zusammengeschrieben. Setze die passenden Wörter ein.

handhaben | schlafwandeln | ~~vollenden~~ | schlussfolgern | wetteifern

1. Der Bau des Schlosses wurde im vorigen Jahr *vollendet*.
2. Er ist jede Nacht ____________________.
3. Die Sänger ____________________ um die Gunst des Publikums.
4. Sie ____________________, dass er gelogen hatte.
5. Die Bohrmaschine wurde unsachgemäß ____________________ und ging dadurch kaputt.

«» deutsch.kombi plus 9, S. 49; 10, S. 99

6 Diese Verben werden immer getrennt geschrieben.
Schreibe mit ihnen jeweils einen Satz auf.

~~spazieren gehen~~ | schwimmen gehen | einkaufen gehen | lesen üben | helfen kommen | Rad fahren

Am liebsten würde ich jetzt spazieren gehen.

7 Bilde zusammengesetzte Wörter mit den Bestandteilen aus dem linken und rechten Kasten. Schreibe mit diesen Wörtern jeweils einen Satz auf.

zweifels…	…auf …ab
strom… und strom…	…über
tags…	…über
kopf…	…ohne
berg… und berg…	…aufwärts …abwärts

Zweifelsohne war er an dieser Sache beteiligt.

8 Diese Verben haben zwei unterschiedliche Bedeutungen. Schreibe mit ihnen jeweils einen Satz auf.

feststellen – fest stellen | kaltstellen – kalt stellen | fertigmachen – fertig machen

 deutsch.kombi plus 9, S. 49; 10, S. 99

Aus einer Inhaltsangabe

1 Lies die folgende Inhaltsangabe zu einer Kurzgeschichte.

Reiner Kunzes Kurzgeschichte „Clown, Maurer oder Dichter“ erzählt von einem Vater, der seinen Sohn vor Gästen kritisiert hatte und anschließend erkennt, dass das ein Fehler war. Der Vater hatte drei Freunde zum Kuchenessen eingeladen und seinem zehnjährigen Sohn aufgetragen, den Kuchen auf einen Kuchenteller zu legen. Dieser hat die Anweisung seines Vaters wörtlich genommen und einen Quadratmeter Kuchen auf einen kleinen Kuchenteller gestapelt. Der Vater ist deswegen sehr erbost. Er fragt sich laut, was aus dem Jungen werden solle. Mittlerweile sind die Gäste eingetroffen. Der erste Freund schlägt vor, dass der Junge

Clown oder Maurer werde könne. Als er den Turm gebaut hat, habe er einen bemerkenswerten Sinn für Gleichgewicht bewiesen. Daraufhin schlägt der nächste Freund vor, der Sohn solle Dichter werden. Er könne die Dinge neu überdenken und so seine Mitmenschen zum Staunen bringen. Der dritte Freund ist der Meinung, dass der Junge ein ausgezeichneter Soldat sein könne. Er erklärt, dass der Sohn einerseits einen idiotischen Befehl ohne Zögern ausgeführt habe, andererseits habe er durch seine Art der Ausführung das Idiotische deutlich gemacht. Die Freunde wollen dem Jungen zum einen helfen, indem sie die Aufmerksamkeit des Vaters auf sich lenken, und dem Vater gleichzeitig klar machen, dass das Vorgefallene auch positive Aspekte hat. Der dritte Freund macht den Vater („idiotischer Befehl“) außerdem auf seine Mitschuld an dem Vorfall aufmerksam. Zunächst hofft der Vater, dass sein Sohn die Bemerkungen nicht verstanden hat. Nachdem er am Abend beobachtet hat, wie der Junge diese Vorschläge ernsthaft diskutiert, beschließt er eine Änderung seines Verhaltens. Vor Besuchern wird er in Zukunft viel vorsichtiger mit seinem Sohn umgehen. Auch wenn der Vater also zumindest mit „öffentlicher“ Kritik vorsichtiger sein wird, bleibt offen, ob er eingesehen hat, dass er Mitschuld am Verhalten seines Sohnes hat,

und dass die Form seiner Kritik unpassend war. Interessant ist, dass der Text wie ein Geständnis beginnt. („Ich gebe zu …“, „Ich gebe ebenfalls zu …“, „Und ich stelle nicht in Abrede …“). Das kann man als Beleg dafür werten, dass der Vater etwas gelernt hat.

»» deutsch.kombi plus 9, S. 176; 10, S. 200

2 Trage die im Text unterstrichenen Verbformen in die Tabelle ein.

Präsens	Präteritum	Futur I
erzählt		

Perfekt	Plusquamperfekt	Infinitiv
	kritisiert hatte	

3 Bilde die Personalformen der 2. Person Singular im Präsens und Präteritum für die unten stehenden Verben. Sprich Laut für Laut und Silbe für Silbe mit.

arbeiten · denken · erschrecken · essen · fahren · gehen · gewinnen · heißen · kämpfen · müssen · raten · schimpfen · schlafen · schwitzen · sitzen · stellen · werfen · wissen

du arbeitest – du arbeitetest,

4 Lies den Text auf Seite 28 erneut und trage die grün markierten Verbformen in die Tabelle auf Seite 29 (Aufgabe 2) ein.

5 Bilde die drei Zeitformen der unten stehenden Verben wie im Beispiel.

1. nehmen: *er nimmt – er nahm – er hat genommen*
2. sehen: ______
3. kommen: ______
4. aufgreifen: ______
5. helfen: ______
6. besprechen: ______
7. beschließen: ______
8. bleiben: ______

6 Bilde mit jedem Verb aus Aufgabe 5 drei Sätze wie im Beispiel.

1. Er nimmt morgens eine Tablette. Er nahm morgens eine Tablette. Er hat morgens eine Tablette genommen.

2. ______

3. ______

4. ______

5. ______

6. ______

7. ______

8. ______

«» deutsch.kombi plus 9, S. 176; 10, S. 200

7 Korrigiere die falschen Verbformen in folgendem Schülertext. Schreibe die richtige Form über das falsche Wort.

geht

In der Kurzgeschichte „Die Dicke der Haut" von Siegfried Lenz aus dem Jahr 1958 ging es um die Begegnung zwischen einem Masseur und einem sehr dicken Mann namens Brunswik, der nur an sein eigenes Wohlbefinden denkt und den es kaltlässt, als sein Hund qualvoll gestorben ist.

Die Geschichte wurde aus der Sicht des Masseurs erzählt. Er fährt vor dem Frühstück zum Haus von Brunswik, der sehr wohlhabend war. Als der Masseur beginnt, den stark übergewichtigen Mann zu masieren, hat er das Jaulen eines Hundes gehört. Brunswik hat darauf nicht reagiert, obwohl es sein eigener Hund ist. Er lässte das Tier einmal in der Woche für anderthalb Tage hungern.

Auf diese Weise merkte der Hund, dass Fressen nicht alles sei, außerdem hatte das Hungern dem Hund gutgetan. Auch als der Hund nicht mehr jault, dachte Brunswik nur an sein eigenes Wohlbefinden. Das Hausmädchen erscheint und verkündete, dass mit dem Hund etwas nicht stimmen täte. Als der Masseur nachsieht ist der Hund tot gewesen, er wird etwas Giftiges fressen. Brunswik interessiere sich aber nur für sein eigenes Frühstück. Er bestellte den Masseur für den nächsten Tag wieder, dieser ist sich jedoch sicher, dass er nicht noch einmal gekommen ist.

Verschwundene Berufe

Die Neuerungen der Technik, aber auch der gesellschaftliche Wandel haben viele Berufe verdrängt, die in früheren Zeiten zum Alltag gehörten.

1 Lies den Text über den Beruf des Kaffeeriechers.

Kaffeeriecher

Bereits im 18. Jahrhundert entwickelte sich der Kaffee in Preußen zu einem Luxusgetränk. Er verleihe, so sagte man, einen wachen Kopf und scharfe Gedanken. Außerdem wurde er „Blitz gegen die Migräne“ genannt, oder die „Milch der Schachspieler und Denker“. Seit der aus Äthiopien stammende Strauch im Jemen angebaut wurde, gab es genug Nachschub, um alle Kaffeehäuser von Byzanz bis Bagdad damit zu versorgen.
Preußenkönig Friedrich Wilhelm I. half nach, und in Berlin wurden Kaffeehäuser an prominenten Standorten errichtet. Denn er erkannte: Mit Luxusartikeln ließ sich die Staatskasse füllen! So wurde zusammen mit Tee, Schokolade, Schaumwein und Fruchteis auch der Kaffee zum Luxusgut deklariert und entsprechend besteuert.
Ein neuer Geschäftszweig tat sich auf: Der Kaffeeschmuggel, der ja auch nicht sonderlich schwierig war. Durch die ungerösteten Bohnen wurde kein Geruch verbreitetet und selbst geringe Mengen waren für den Schmuggler lohnenswert. Auf Heukarren, auf Kohlekähnen, auf Holzfuhrwerken wurden die Kaffeebohnen unbemerkt durch die Stadttore transportiert.
Friedrich der Große, der seit 1740 an der Macht war, wollte die Staatskasse nach einem langen Krieg (1756–1763) wieder füllen. Er monopolisierte den Kaffeehandel und erlaubte das Kaffeerösten nur an wenigen Orten, die von ihm bestimmt worden waren. Der feine Geruch des gerösteten Kaffees verriet das Luxusgut auch dort, wo das Kaffeerösten verboten worden war.
Ein Gesetz aufsetzen ist das eine. Zu überprüfen, ob es auch befolgt wird, das andere. Der große Preuße schlug zwei Fliegen mit einer Klappe, als er beschäftigungslose Veteranen[1] des Siebenjährigen Krieges mobilisierte und sie als Kaffeeriecher einsetzte. Insgesamt vierhundert Veteranen zogen durch Berlins Gassen, um illegal gerösteten Kaffee aufzuspüren. Diesen ungehobelten Gesellen war es gestattet, jedes Haus zu betreten und darin jedes Zimmer und jede Person aufs Genaueste zu untersuchen.

1 ehemalige Soldaten

»» deutsch.kombi plus 9, S. 236; 10, S. 200

Da die Spürnasen nach Ertrag bezahlt wurden, waren sie besonders fleißig. Sie standen auch auf Brücken und berochen dort die Taschen von Passanten. Selbst Leibesvisitationen wurden durchgeführt. Man kann sich gut vorstellen, welches Ärgernis diese Gesellen für die Bevölkerung darstellten. Selbst Schmuggler waren beim Volk beliebter als die Kaffeeriecher. Der Preußenkönig musste sich den vielen organisierten Kaffeefreunden geschlagen geben und sein Monopol wieder auflösen. Fortan hieß es: Kaffee für alle.

2 Unterstreiche alle Passivformen im Text.

3 Wandle die unten stehenden Passivsätze ins Präsens oder ins Präteritum um.

1. Kaffee wurde „Blitz gegen Migräne“ genannt. (Präteritum)

Kaffee wird „Blitz gegen Migräne" genannt. (Präsens)

2. Sie überprüfen, ob die Gesetze befolgt werden.

3. Durch ungeröstete Bohnen wird kein Geruch verbreitet.

4. Die Kaffeeriecher wurden nach Ertrag bezahlt.

4 Wandle die unten stehenden Sätze in Aktiv- oder Passivsätze um.

Aktiv	**Passiv**
1. Man errichtete Kaffeehäuser.	*1. Kaffeehäuser wurden errichtet.*
2. Man transportierte Kaffeebohnen.	*2.*
3. Man besteuerte auch Fruchteis.	*3.*
4.	*4. Kaffee wurde von 400 Kriegsveteranen aufgespürt.*
5. Man bezahlte die Kaffeeriecher nach dem Ertrag.	*5.*
6.	*6. Kaffee wird heute in vielen Ländern angebaut.*
7.	*7. Kaffee wird auf viele verschiedene Weisen zubereitet.*
8. In Zukunft trinkt man viel häufiger fair gehandelten Kaffee.	*8.*

«» deutsch.kombi plus 9, S. 237; 10, S. 200

5 Lies den Text über den Lichtputzer. Unterstreiche alle Passivformen.

Lichtputzer

Der Lichtputzer putzte (kürzte) die Dochte der Kerzen im Theater, die zur Beleuchtung eingesetzt wurden, auch während der Vorstellung, um Rußbildung zu vermeiden.
Noch bis in die Zeit von Richard Wagner[1] diente das Licht im Theater an erster Stelle dazu, überhaupt eine Sicht auf die Schauspieler zu ermöglichen. Sehen und gesehen werden: ohne Licht nicht möglich. Bühne und Zuschauerraum wurden also gebührend beleuchtet.
Zur Standardeinrichtung des Zuschauerraums zählte der Kronleuchter, der in der Mitte des Raums an der Decke angebracht war und zu Beginn des Stückes hochgezogen wurde. Wenn vorne dann auf der Bühne ein Feuerregen inszeniert wurde, dann war das Husten der Zuschauer programmiert und brachte sie manchmal an den Rand des Erstickens.
Später ging man dazu über, an der Bühnenrampe entlang eine Reihe von Kerzen anzubringen. Der Begriff „Lampenfieber" stammt aus dieser Zeit und hieß zunächst „Rampenfieber": Durch die vielen Flammen war es in der Nähe der Rampe so heiß, dass die Schauspieler schwitzten.
Der Kerzenverbrauch in Theatern war enorm. Es lag in der Natur der damals üblichen Kerze, dass, je länger sie brannte, desto länger ihr Docht wurde. Wenn dieser nicht „geputzt", also abgeschnitten wurde, fing er bald an zu rußen und zu tropfen. Ungefähr alle halbe Stunde musste sich jemand um den Docht kümmern.
Am Theater war also der Lichtputzer unverzichtbar und entwickelte sich dort zum eigenständigen Berufsbild. Ohne ihn wäre das Spektakel auf der Bühne nur eine rauchige Angelegenheit gewesen. Da der Lichtputzer immer wieder auch während der Szenen auf der Bühne erscheinen musste, wurde er meist sogar in die Stücke integriert.

1 Richard Wagner (1813–1883) war ein deutscher Opernkomponist. Bekannte Werke: „Der fliegende Holländer", „Der Ring der Nibelungen", „Parzival"

6 Schreibe 5 Sätze über den Beruf des Lichtputzers auf. Verwende das Passiv.

«» deutsch.kombi plus 9, S. 236; 10, S. 200

7 Lies den Text über den Sandmann.

Sandmann

Sandmänner, -frauen und -kinder waren Tagelöhner, die seit etwa 1740 Sand abbauten und ihn in den Städten verkauften. Denn: Bis vor nicht mal hundert Jahren nutzte man Sand als vielseitiges Putz- und Scheuermittel. Deswegen benötigten die Stadtbewohner viel „Stubensand“. Hierfür gruben die Sandmänner Schächte in den Berg, um darin Sandstein abzubauen. Zu Hause zerschlugen Frauen und Kinder die Sandsteinbrocken und siebten sie zu feinem Sand. Ein angenehmer Beruf war er nicht, der Beruf des Sandmanns. Nur die Ärmsten der Armen übten ihn aus. Der Sand rieselte in ihre Augen, die sich davon entzündeten und rot anliefen, und er sammelte sich unaufhaltsam in ihren Lungen. Mit dem Aufkommen von chemischen Putzmitteln verschwand der Bedarf an Stubensand und daraufhin der Beruf des Sandmanns. Der moderne Sandmann entstand zu dieser Zeit. E.T.A. Hoffmann[1] inspirierten die rotäugigen Sandmänner zu einem unheimlichen Monster. Rieben sich die Kinder abends die Augen, so sei der böse Sandmann daran schuld. Hans Christian Andersen[2] kehrte die Geschichte ins Gute. In seinem Märchen schließt der Sandmann den Kindern abends die Augen und erzählt Geschichten. Und von da war es kein weiter Weg mehr zum Sandmann, der guten Traumsand streut.

1 E.T.A. Hoffmann (1776–1822) war ein deutscher Schriftsteller der Romantik. Ein bekanntes Werk von ihm heißt „Der Sandmann“.

2 Hans Christian Andersen (1805–1875) ist der bekannteste Schriftsteller Dänemarks. Berühmt wurde er durch seine zahlreichen Märchen, z.B. „Die kleine Meerjungfrau“. Sein Sandmann heißt im Original „Ole Lukøje“.

8 Schreibe den Text noch einmal auf und formuliere die Aktivsätze in Passivsätze um.

Wie schreibt man ein Jugendbuch?

1 Lies das folgende Interview.

[…] Wann hat es „Tschick" gemacht, Herr Herrndorf?

[…] **Sprechen wir jetzt über „Tschick". Warum ein Jugendroman?**

Ich habe um 2004 herum die Bücher meiner Kindheit und Jugend wieder gelesen, „Herr der Fliegen", „Huckleberry Finn", „Arthur Gordon Pym", „Pik reist nach Amerika" und so. Um herauszufinden, ob die wirklich so gut waren, wie ich sie in Erinnerung hatte, aber auch, um zu sehen, was ich mit zwölf eigentlich für ein Mensch war. Und dabei habe ich festgestellt, dass alle Lieblingsbücher drei Gemeinsamkeiten hatten: schnelle Eliminierung der erwachsenen Bezugspersonen, große Reise, großes Wasser. Ich habe überlegt, wie man diese drei Dinge in einem halbwegs realistischen Jugendroman unterbringen könnte. […]

Versetzen wir uns ins Jahr 2030. Ihr Buch ist seit zehn Jahren Schullektüre. Neuntklässler stöhnen, wenn sie den Namen Wolfgang Herrndorf hören. Welche Fragen zum Buch müssen in Aufsätzen beantwortet werden?

Ich fürchte, man wird sich im Deutschunterricht am Symbolträchtigen aufhängen, an der Schlussszene …

… in der Maik unter Wasser in einem Swimmingpool die Hand seiner Mutter hält, während oben die Polizei wartet …

… oder an der Szene mit dem Elixier. Das bin ich jetzt auch schon häufiger gefragt worden: Was das für ein Elixier ist, das der Alte mit der Flinte den beiden da aufdrängt? Aber das weiß ich ja auch nicht. Das war nur, weil mich beim Schreiben jemand auf die „Heldenreise" aufmerksam machte, ein Schema, nach dem angeblich fast jeder Hollywood-Film funktioniert. Da müssen die Protagonisten unter anderem immer ein solches Elixier finden. Habe ich natürlich gleich eingebaut. […]

Maik und Tschick lassen beim Aufbruch in die Walachei ihre Handys zurück. Warum?

Ich habe mir überlegt, Spannung, ich kann keine Spannung, und wenn ich jetzt noch ein Handy habe, mein lieber Mann, wie soll ich das denn regeln? Ich will Verfolgungsjagden in der Wüste!

 »» deutsch.kombi plus 9, S. 212; 10, S. 230

2 Schreibe die Sätze in indirekter Rede auf.

1. Ich habe um 2004 herum die Bücher meiner Kindheit und Jugend wieder gelesen.

2. Und dabei habe ich festgestellt, dass alle Lieblingsbücher drei Gemeinsamkeiten hatten.

3. Ich habe überlegt, wie man diese drei Dinge in einem halbwegs realistischen Jugendroman unterbringen könnte.

4. Ich fürchte, man wird sich im Deutschunterricht am Symbolträchtigen aufhängen.

3 Ein Schüler hat mit einer Zusammenfassung des Interviews angefangen. Leider hat er die Zitate nicht markiert. Ergänze die fehlenden Satzzeichen.

Auf die Frage Warum ein Jugendroman antwortet der Autor Ich habe um 2004 herum die Bücher meiner Kindheit und Jugend wieder gelesen. Danach wollte er auch einen halbwegs realistischen Jugendroman schreiben. Für die Zukunft befürchtet er, man wird sich ...

4 Schreibe die Zusammenfassung zu Ende. Verwende dabei direkte Zitate.

5 Lies das Interview mit dem Regisseur Fatih Akin.

„Tschick“ – Ein Film von Fatih Akin. Ein Interview

Fatih Akin ist ein Autorenfilmer, fast ausnahmslos verfilmst Du eigene Stoffe. „Tschick“ ist Deine erste Literaturverfilmung.

Es gibt zwei, drei Schlüsselsequenzen im Roman, danach wusste ich: Das will ich verfilmen. Tatjana, die dem Helden das Herz bricht, das kenne ich sehr gut aus meiner eigenen Jugend: Ich war als 14jähriger [sic!] unheimlich verliebt in eine Mitschülerin, die nichts von mir wissen wollte. […]

Der Roman ist filmisch geschrieben, ein literarisches Roadmovie[1]. […]

„Als Erstes ist da der Geruch von Blut und Kaffee.“ So beginnt der Roman, einen besseren Anfang kann man sich gar nicht denken. Aber so filmisch das Buch auch ist, wir haben erst den Roman noch einmal zerlegt und uns gefragt: Was wollen wir im Film sehen, was nicht? […]

Es gibt […] eine wichtige Änderung: der Schluss. Der Film endet nicht wie der Roman mit der Szene, wie die Mutter zusammen mit Maik das Mobiliar in den Swimmingpool schmeißt.

Wir haben gefühlt, nein, wir wussten: Der Film kann nicht so enden. Die Geschichte zwischen Maik und seiner Mutter ist nicht die Hauptachse des Films, das ist Maik und Tschick. Es muss mit ihnen aufhören, mit ihnen und Isa meinetwegen.

Es ist ein offener, zugleich hoffnungsfroher Schluss.

Wenn Filme am Ende alle Probleme erledigen und der Zuschauer satt und zufrieden nach Hause geht, finde ich es schade. Tschick kommt aus dem Nichts, und er geht in das Nichts. Aber wir wissen, dass es ihm gut geht: Um einen wie Tschick braucht man sich keine Sorgen machen. […]

Du hast ein Projekt zwei Monate vor Drehbeginn übernommen. Da gab es nicht nur Drehbuch-Probleme zu lösen.

«» deutsch.kombi plus 9, S. 212; 10, S. 231

Mein Vorgänger hatte Maik besetzt mit einem 18-Jährigen, der zwar aussah wie 16, aber doch nicht so, dass ihn jeder Tankwart fragen würde: Eh Junge, wie alt bist du eigentlich?

Die Kids dürfen nicht mit dem Auto erwischt werden, das ist die große Gefahr, die sie auf ihrem Trip ständig begleitet. Sie sind einfach zu jung, das muss man ihnen ansehen. [...]

Der Roman ist eine Ich-Erzählung: Maik berichtet und kommentiert. Auch der Film hat diese Erzählerperspektive: Maik ist in fast jeder Szene präsent, auch sehen wir in kurzen Szenen seine Tagträume.

Im Drehbuch gab es ursprünglich kein Voice-over[2]. Mein Ehrgeiz war, die Gedanken des Helden allein auf der szenischen Ebene zu transportieren.

1 Film, der von einer Reise handelt.

2 Erzählende Stimme aus dem Nichts, die die Filmhandlung kommentiert.

6 Beende die folgenden Sätze. Verwende dabei indirekte Rede.

1. Der Regisseur erzählt, als 14-Jähriger *sei er unheimlich in eine Mitschülerin verliebt gewesen, die nichts von ihm habe wissen wollen.*
2. „Als Erstes ist da der Geruch von Blut und Kaffee.“ So ______
3. Fatih Akin behauptet, einen besseren Anfang ______
4. Jedoch berichtet er, so filmisch das Buch ______
5. Über den Schluss des Films sagt er, er habe gefühlt, ______
6. Der Regisseur erklärt, die Geschichte zwischen Maik ______
7. Deswegen ______
8. Abschließend behauptet er, um einen wie Tschick ______
9. Zur Besetzung der Hauptrollen bemerkt Akin, sein Vorgänger ______
10. Über die Entstehung des Films erzählt er, im Drehbuch ______

«» deutsch.kombi plus 9, S. 212; 10, S. 231

Pro und Kontra

1 Lies den Text über ein verpflichtendes Soziales Jahr für alle Schülerinnen und Schüler.

Aufgrund der Arbeitskräftesituation im sozialen Bereich wird diskutiert, ob die Einführung eines verpflichtenden Sozialen Jahres für alle Schülerinnen und Schüler nach der Schulzeit Abhilfe schaffen könnte. Dieses hätte etwa folgende Rahmenbedingungen:
Das verpflichtende Soziale Jahr sollten junge Menschen im Alter von 15 bis 26 Jahren machen. Die Schulpflicht sollte erfüllt sein, der Schulabschluss würde jedoch keine Rolle spielen. Im Rahmen dieses Jahres würden die Jugendlichen in einer gemeinwohlorientierten Einrichtung arbeiten, z. B. in Altersheimen, Kindertagesstätten und Krankenhäusern. Organisiert und betreut würde das Ganze von einem so genannten Träger, einer Art Dachorganisation, die die Einsatzstellen und die Pflichtdienstleistenden auswählt und einsetzt. Die Jugendlichen bekämen ein Taschengeld und eine beitragsfreie Versicherung. Abhängig vom Einsatzgebiet könnten die Jugendlichen zusätzlich die notwendige Ausbildung erhalten.

2 Unterstreiche im Text alle Konjunktiv-Formen und Ersatzformen des Konjunktivs.

3 Setze in den beiden Stellungnahmen die Verben in den Klammern im Konjunktiv II ein.

Jule: Ich finde so ein Jahr gar nicht so schlecht. Ich ________ (wollen) sowieso irgendwas Soziales machen. Da ________ (sehen) man sofort, ob einem diese Arbeit ______ (liegen) oder nicht. Oder vielleicht ____________ (erfahren) man auch von Tätigkeiten, die einem sehr gut __________ (gefallen). Also ich ________ (können) damit leben. Ich ________ (wissen) gerne noch, ob man nach dem Jahr auch mit der Schule weitermachen ________ (können) und zum Beispiel das Abi machen ______ (dürfen).

Jens: Ehrlich gesagt, finde ich so ein soziales Pflichtjahr blöd. Man __________ (verlieren) ein ganzes Jahr. Man ________ (sollen) lieber sofort nach der Schule in seinen künftigen Beruf investieren. Von drei Jahren Handwerkerausbildung ______ (sein) das schon ein Drittel. Arbeit im Alters- oder Kinderheim oder vielleicht sogar beim Hausmeister in der Schule ______ (sein) für mich einfach abscheulich, zumal wir dann als niedrige Hilfskräfte sowieso nur die Arbeiten __________ (bekommen), die niemand sonst machen ________ (wollen). Mir _____ (tun) auch die alten Menschen leid.

«» deutsch.kombi plus 9, S. 22; 10, S. 77

4 Lies auch den folgenden Kommentar zu den beiden Stellungnahmen. Setze die Verben in den Klammern im Indikativ oder Konjunktiv II ein.

Selin: Ich ________ (finden) die Idee eines verpflichtenden Sozialen Jahres sehr interessant. Es _______ (sein) eine gute Gelegenheit, um Berufserfahrung zu ___________ (sammeln). Außerdem _______ (tun) man etwas für die Allgemeinheit. In sozialen Einrichtungen ___________ (fehlen) es an Arbeitskräften, das ________ (hören) ich immer wieder. Die Jugendlichen im Pflichtjahr __________ (bieten) hier Unterstützung. Es ______ (sein) allerdings zu wünschen, dass man eine angemessene Aufwandsentschädigung ____________ (erhalten). Das Soziale Pflichtjahr ________ (dürfen) nicht zur Ausbeutung werden. Dagegen ________ (halten) ich den Zeitverlust für weniger dramatisch. Mein Vater ________ (müssen) früher Zivildienst leisten und ________ (können) danach erfolgreich seine Lehre machen. Das ______ (sein) auch heute noch möglich. Ich ____________ (wünschen) mir noch, dass man sich seinen Einsatzort aussuchen ________ (können). Dann ______________ (akzeptieren) ich ein verpflichtendes Soziales Jahr ____________.

5 Erkläre, warum du im letzten Satz aus Aufgabe 4 die Ersatzform des Konjunktiv II verwenden musst.

____

____

6 Schreibe die Sätze im Konjunktiv auf. Entscheide jeweils, ob du den Konjunktiv II oder die Ersatzform verwenden musst.

1. Für das Soziale Pflichtjahr bekommt man eine beitragsfreie Sozialversicherung.

____

2. Und zusätzlich zählt das Soziale Pflichtjahr auch als Lehrzeit, wenn man danach eine entsprechende Ausbildung beginnt.

____

3. Allerdings sind unbezahlte Überstunden ein großes Problem.

____

4. Das gilt nicht nur für die Jugendlichen, sondern für alle Angestellten der Branche.

____

5. Vielleicht kontrolliert man die Arbeitszeiten genauer, wenn es ein Pflichtjahr gibt.

____

»» deutsch.kombi plus 9, S. 22; 10, S. 77

Die Temperatur sollte runter!

1 Lies den Text über aktuelle Klimaprobleme.

Fast überall auf der Welt steigen die Temperaturen. Wissenschaftler meinen, schuld daran seien die Menschen. Autos, Fabriken und Kraftwerke würden viel zu viele Abgase, vor allem Kohlendioxid, in die Luft blasen. Dieses Gas verhindere, dass die Wärme ins Weltall entweichen könne. Schon lange sei klar, dass es so nicht weitergehen könne. Forscher glauben, dass sie stärker eingreifen müssten, um das Klima zu retten. Solche Eingriffe von Menschen ins Klima heißen „Geo-Engineering“. Diskutiert werden verschiedene Wege:

Bäume pflanzen

Die Idee: Bäume und andere Pflanzen nehmen beim Wachstum Kohlendioxid aus der Luft auf. Der einfachste Weg wäre, die Wälder auf der Welt zu vergrößern. Eine andere Idee sieht vor, schnell wachsende Pflanzen anzubauen. Nach der Ernte könnten sie verbrannt werden, um Strom zu erzeugen. Dabei gäben sie das gespeicherte Kohlendioxid wieder ab. Das Gas sollte dann abgefangen, unter die Erde gepresst und gespeichert werden.
Das Problem: Größere Wälder würden die Erde dunkler machen. Der Planet würde sich dadurch noch mehr aufheizen, da dunkle Flächen Wärme besser speichern als helle.

Spiegel ins All bringen

Die Idee: Um die Temperatur zu senken, könnte man einen Teil der Sonnenstrahlen abfangen. Forscher wollen Spiegel in den Weltraum transportieren. Das könnten entweder riesengroße Spiegelflächen sein, oder extrem viele kleine Scheiben.
Das Problem: Technisch dürfte der Plan funktionieren. Welche Folgen das hätte, kann niemand genau vorhersagen. Am Nord- und Südpol dürfte die Temperatur aber kaum sinken. Doch gerade das wollte man, denn diese Regionen sind momentan am stärksten vom Klimawandel betroffen.

Vulkan spielen

Die Idee: Bei einem großen Ausbruch 1991 auf den Philippinen wurden viele Tonnen Schwefel in die Luft geschleudert. Dadurch konnten weniger Sonnenstrahlen die Erde erreichen. Die Durchschnittstemperatur sank um ein halbes Grad. Forscher würden das nachspielen wollen. Flugzeuge und Heißluftballons sollen Schwefelpartikel in großer Höhe versprühen.
Das Problem: Der Schwefel könnte die Ozonschicht schädigen. Diese schützt vor den krebserregenden UV-Strahlen.

Luft filtern

Die Idee: Nachgedacht wird über künstliche Bäume. Jeder Kunstbaum hätte Filter, die das Kohlendioxid mithilfe von Chemikalien aus der Luft fischen sollen. Das herausgefilterte Kohlendioxid könnte anschließend unter der Erde gelagert werden.
Das Problem: Bisher ist das Filtern der Luft zu teuer. Interessant ist die Idee einer Firma aus Kanada, das Kohlendioxid in künstlichen Treibstoff umzuwandeln.

«» deutsch.kombi plus 9, S. 20; 10, S. 77

Felsen zerkleinern

Die Idee: Wenn Felsen verwittern, ziehen sie dabei Kohlendioxid aus der Luft. Bestimmte Mineralien im Gestein könnten sich mit dem klimaschädlichen Gas verbinden und es dauerhaft festhalten. Eigentlich dauert der Zerfall von Steinen einige Millionen Jahre. Forscher möchten diesen Prozess beschleunigen, indem Felsen zu feinem Staub zermahlen und verstreut werden.

Das Problem: Dafür müssten ganze Berge abgetragen werden, was sehr teuer werden dürfte.

Städte weiß streichen

Die Idee: Dächer und Straßen müssten weiß angemalt werden, so dass die Sonnenstrahlen zurück in den Weltraum gelenkt werden könnten.

Das Problem: Ein Großteil aller Städte müsste angestrichen werden, um die Temperatur auch nur ein klein wenig zu senken. Außerdem verschmutzen weiße Flächen schneller und müssten häufiger gereinigt werden.

2 Unterstreiche im Text alle Modalverben.

3 Trage in die Tabelle jeweils die Indikativform und darunter die Konjunktiv II-Form ein.

	dürfen	können	müssen	sollen	wollen	mögen/ möchten
ich	*darf* *dürfte*	*kann* *könnte*	*muss* *müsste*	*soll* *sollte*	*will* *wollte*	*mag* *möchte*
du						
er, sie, es						
wir						
ihr						
sie						

4 Bilde höfliche Fragen mit den Konjunktiv II-Formen der Modalverben.

1. *Könnten* Sie mir bitte mal helfen, das Paket zu tragen?
2. ____________ du noch etwas trinken?
3. ____________ ich bitte mal Ihre Papiere sehen?
4. ____________ ich mal eben hier vorbei?
5. ____________ du ihr nicht die Wahrheit sagen?
6. ____________ du nicht etwas mehr üben?

deutsch.kombi plus 9, S. 21; 10, S. 77

Gedopte Kamele und geklonte Affen

1 Lies den Text und ergänze die passenden Konjunktionen.

da | ob | aber | dass | weil | sondern | obwohl

Botox-Doping: Kamele werden bei Schönheitswettbewerb disqualifiziert

__________ es in Saudi-Arabien in den letzten Jahrzehnten eine rasante Modernisierung gab, hat das Kamel immer noch einen sehr hohen Stellenwert. Kamelrennen, bei denen die Tiere bis zu 64 Stundenkilometer erreichen, sind ein Nationalsport. Wohlhabende Scheichs frönen bekannterweise der Falknerei, __________ zu ihren beliebtesten Hobbys zählt auch der Rennsport, für den sie oftmals ihre eigene Kamelzucht haben.

Die Tiere werden allerdings nicht nur auf Schnelligkeit gezüchtet, __________ auch das schöne Aussehen ist ein wichtiges Kriterium in allen Wettbewerben. Bei den Beduinenfesten werden regelmäßig Schönheitswettbewerbe für die „Wüstenschiffe“ veranstaltet, bei denen häufig extrem hohe Preisgelder gezahlt werden.

__________ es um sehr viel geht, haben nun offenbar einige Kamelbesitzer versucht, künstlich nachzuhelfen. Die „Daily Mail“ berichtet, __________ beim jährlichen König-Abdal-Aziz-Kamelfestival in der Nähe von Riad zwölf tierische Teilnehmer disqualifiziert worden seien, __________ ihre Besitzer offensichtlich Botox eingesetzt hatten. Dies verstoße gegen die Regel, die Drogen und andere künstliche Optimierungen strikt untersagt.

Das Nervengift wurde vermutlich in die Lippen der Tiere gespritzt. __________ es damit einen ähnlichen Effekt wie in der menschlichen Schönheits-Optimierung – Straffung der Haut und Falten-Entfernung – bringen sollte, bleibt in den Berichten unklar.

2 Unterstreiche in dem Text alle Relativsätze. Markiere jeweils auch das Bezugswort (Substantiv/Nomen), auf das sich der Relativsatz bezieht.

3 Finde im Text auch den einzigen indirekten Fragesatz. Unterstreiche ihn rot.

«» deutsch.kombi plus 9, S. 113; 10, S. 79

4 Vervollständige die Sätze.

1. Trotz rasanter Modernisierung Saudi-Arabiens ______________________

2. Neben der Falknerei ______________________

3. Wegen Dopings ______________________

5 Lies den Text. Unterstreiche alle Relativsätze.

Die ersten Äffchen à la[1] Dolly

Sie heißen Zhong Zhong und Hua Hua und sind acht beziehungsweise sechs Wochen alt. Es handelt sich um die ersten Primaten, die mit der Kerntransfermethode geklont wurden, wie vor gut zwanzig Jahren das berühmte Schaf Dolly.

Beim Klonen per Kerntransfer entstehen aus Körperzellen eines Spenders Individuen, die das gleiche Erbgut haben wie der Spender. Dazu wird eine Eizelle von ihrem Zellkern befreit, mit dem Kern der Spenderzelle fusioniert, im Labor zum Wachsen gebracht und von einer Leihmutter ausgetragen. Auf diese Weise entstanden auch Zhong Zhong und Hua Hua. Der Aufwand war allerdings immens. 109 Embryonen erzeugten die Forscher per Kerntransfer, von denen 79 in Leihmütter übertragen wurden. Es entstanden sechs Schwangerschaften, durch die aber nur zwei Tiere lebend zur Welt kamen.

Seit der Geburt von Klonschaf Dolly 1997 wurden 23 Tierarten geklont – darunter Schweine, Rinder, Pferde, Katzen und Hunde. Nur Affen hatten noch gefehlt. Forscher, die es versuchten, scheiterten immer wieder. Nun ist diese kleine Sensation gelungen.

1 (umgangssprachlich) so wie

6 Markiere im Text alle Kommas vor und nach den Relativsätzen.

7 Lies den folgenden Text und ergänze die passenden Konjunktionen.

seitdem | bevor | dass | dass | weil | wenn | obwohl

________________ der Aufwand immens ist machen die Forscher weiter. ________________ das Klonen der beiden Äffchen gelungen ist wollen sie nun derartige Klone von nicht-humanen Primaten in Serie erzeugen. Für die Forschung ist das auch bedeutsam ________________ Javaneraffen die am häufigsten in Tierversuchen eingesetzte Affenart sind. Javaneraffen kommen etwa bei der Prüfung von neuen Medikamenten zum Einsatz ________________ diese an Menschen getestet werden. Geklonte Affen, bei denen sich einzelne Gene nun gezielt verändern lassen, könnten außerdem dazu beitragen ________________ Erkrankungen des menschlichen Gehirns besser zu verstehen oder gar zu heilen sind.

________________ es um das Gehirn geht sind Versuche mit weniger hoch entwickelten Tierarten oft wenig aussagekräftig. Allerdings werfen die Experimente die Frage auf, wie weit das Klonen von nicht-menschlichen Primaten, wie Javaner- und Rhesusaffen, gehen sollte. „Uns ist sehr wohl bewusst ________________ Wissenschaftler strikt ethische Standards einhalten müssen", betonen die Wissenschaftler.

8 Setze im Text in den Satzgefügen die fehlenden Kommas.

9 Setze in dem folgenden Text alle fehlenden Kommas.

Gute Ressourcen in China

Die ersten beiden geklonten Affen so denken die Forscher werden noch länger eine Besonderheit bleiben. Das Klonen von Affen ist so aufwendig dass es nur wenige Forschungseinrichtungen durchführen können. Weil die Primatenzentren in China sehr gut ausgestattet sind werden Fortschritte hauptsächlich von dort kommen. Das Klonen von Menschenaffen oder sogar Menschen wird daher nicht so schnell erforscht werden obwohl die geklonten Javaneraffen schon ein Schritt in diese Richtung sind. Im Moment so bestätigen es die Forscher sei das Klonen von Menschen etwas das nicht für notwendig erachtet werde. Sie betonen noch dass es bestimmt schon ausprobiert worden wäre wenn es einen wirklichen Nutzen bringen könnte. Im Moment sind die Forscher die sich mit dem Thema Klonen beschäftigen mehr an der Herstellung einzelner Zellen interessiert. Sie hoffen dass sie damit Menschen helfen können wenn diese schwere Verletzungen erleiden.

«» deutsch.kombi plus 9, S. 113; 10, S. 79

10 Lies den Text und unterstreiche alle Infinitivgruppen

Schutz vor Hirntod – Nacktmulle überleben 18 Minuten ohne Sauerstoff

Jeder Mensch wäre längst tot, ein Nacktmull bringt es fertig, unbeeindruckt wieder aufzustehen: Die kuriosen Nagetiere besitzen die Fähigkeit, mehr als eine Viertelstunde ohne Sauerstoff zu überleben.

Als hätten Nacktmulle dem Menschen nicht schon ausreichend gezeigt, außergewöhnliche Eigenschaften zu besitzen: […]

– Mit etwa 30 Jahren leben Nacktmulle um ein Zehnfaches länger als ähnlich große Nager wie Mäuse oder Ratten.

– Trotz ihres hohen Alters erkranken Nacktmulle nicht an Krebs.

– Sie spüren kaum Schmerzen. […]

Letzteres hat ihnen offenbar zu dem ungewöhnlichen Vermögen verholfen, nämlich bis zu 18 Minuten ohne Sauerstoff überleben zu können. Jedes andere an Land lebende Säugetier wäre nach dieser Zeit längst erstickt. […] Nacktmulle sind […] darauf angewiesen, mit Sauerstoffmangel klarzukommen. In den unterirdischen Tunneln in den heißen Halbwüsten Ostafrikas, wo die Nager leben, ist es extrem stickig – erst recht, wenn Hunderte Tiere auf engem Raum zusammenleben. Anstatt 200-mal pro Minute zu schlagen, schlägt ihr Herz bei Sauerstoffmangel nur etwa 50-mal in der Minute. Sobald der Sauerstoffgehalt wieder steigt, machen die Tiere weiter, ohne irgendwelche Mängel aufzuweisen.

11 Bilde Sätze mit Infinitivgruppen.

1. Nacktmulle haben die Fähigkeit entwickelt, *Fruchtzucker in den Gehirnzellen zu verwerten.*
(Verwertung von Fruchtzucker in den Gehirnzellen)

2. ______________________ (Versorgung des Gehirns mit ausreichend Energie), ist bei Säugetieren normalerweise Traubenzucker vonnöten.

3. Damit sind sie in der Lage, ______________________
(Überleben bei sehr schlechter Sauerstoffversorgung), ______________________
(ohne Erleiden von Hirnschäden).

4. Forscher versuchen jetzt, ______________________
(künstliche Erzeugung dieses Effektes).

«» deutsch.kombi plus 9, S. 114; 10, S. 117

Treffende Argumente

An einer Schule diskutiert die Schülervertretung über das Schulessen. Statt bisher vier bis fünf Fleischgerichte in der Woche sollen künftig drei Tage fleischfrei sein.

1 Setze in den beiden Stellungnahmen die fehlenden Kommas.

Dieser Schüler stimmt zu und führt folgende Argumente an:

Ich finde dass das seitens der Schüler kein so großes Opfer darstellt. Dafür könnten wir einen Beitrag zum Klimaschutz leisten. Jeder weiß dass ein hoher Fleischverbrauch durch die Treibhausgas-Emissionen die mit der Erzeugung von Fleisch verbunden sind sehr schlecht für unser Klima ist. Wenn alle Menschen ihren Fleischverzehr etwas einschränken würden wäre das ein wichtiger Schritt um das Fortschreiten der Erderwärmung zu stoppen. Man könnte auch auf eine Massentierhaltung verzichten; das wiederum ist für die Tiere gut. Es gäbe noch eine Reihe weiterer Vorteile eine Einsparung von Wasser eine geringere Trinkwasserverschmutzung und schließlich eine gesündere Lebensweise. Selbstverständlich müsste man noch einmal beraten wie es gelingen kann den Beitrag für das Schulessen nicht oder nicht wesentlich zu erhöhen und ein schmackhaftes Essen an allen Tagen auf den Tisch zu bringen. Dabei halte ich es auch für wichtig dass man bei Lebensmitteln auch bei Obst und Gemüse auf regionale Produkte zurückgreift damit lange Transportwege vermieden werden.

Dieser Schüler lehnt den Vorschlag ab und führt folgende Argumente an:

Ich lehne diese Initiative ab. Es interessiert meiner Meinung nach keinen ob ein paar Schüler an drei Tagen Fleisch essen oder nicht. Es gibt so viele Dinge die eine viel größere Wirkung beim Klimaschutz hätten der Straßen-, der Luft- und der Wasserverkehr. Hier aber sind keine Einschränkungen erkennbar. Und warum sollen wir für schlechteres Essen auch noch mehr Geld bezahlen? Wir bekommen doch ohnehin nicht alle Tage Fleisch! Dass wir künftig Linsen Bohnen und Erbsen in höherem Maße angeboten bekommen sollen ist wohl ein Witz. Ich habe unlängst gelesen dass Fleisch im Speiseplan keineswegs fehlen darf; es ist für die Entwicklung von jungen Menschen unheimlich wichtig. Außerdem kann ich als Sportler auf Fleisch als Eiweißlieferant nicht verzichten zumal Schnitzel und Bratwurst meine Lieblingsspeisen sind.

Was die Bio-Lebensmittel betrifft so brauche ich diese nicht. Sie sind nach meiner Erfahrung sowieso nur ein Mittel um höhere Preise zu erzielen.

«» deutsch.kombi plus 9, S. 299; 10, S. 117

2 Setze Doppelpunkte an die Stellen, wo sie stehen könnten (zwei Stellen).

3 Erkläre, ob die Verwendung des Semikolons (je eines in jedem Text der Aufgabe 1) der Regel entspricht.

4 Schreibe den unten stehenden Satz mit veränderter Zeichensetzung auf. Verwende das über dem Satz stehende Satzzeichen an der richtigen Stelle.

Punkt:

Über das Essen in Schulkantinen wird viel diskutiert. Für viele ist der Schutz von Natur und Tieren wichtig. Andere wollen nicht auf bestimmte Speisen verzichten.

Komma:

Doppelpunkt:

Semikolon:

5 Ergänze einen der Sätze durch ein Attribut. Trenne dieses Attribut durch Satzzeichen ab. Verwende das vor dem Satz stehende Satzzeichen an der richtigen Stelle.

Klammern:

Gedankenstriche:

deutsch.kombi plus 9, S. 299; 10, S. 117

Ich vertrete den Standpunkt, dass ...

1 Lies zuerst die unterschiedlichen Standpunkte und die entsprechenden Begründungen.

2 Formuliere anschließend deinen Standpunkt zu den aufgeworfenen Fragen. Verwende zur Einleitung möglichst verschiedene Formulierungen.

Ich finde/denke/meine, dass ...

Ich bin dafür/dagegen, dass ...

Meiner Meinung nach ... /Nach meiner Meinung ...

In meinen Augen ist ...

Für mich ist wichtig, dass ...

Ich vertrete den Standpunkt, dass ...

Ich vertrete die Ansicht/die Meinung, dass ...

Mir gefällt/gefällt nicht, dass ...

Sollte die Zeitumstellung abgeschafft werden?

Ja, die Zeitumstellung verändert den Tagesrhythmus bei Menschen und Tieren, das schadet ihnen sehr.

Nein. Durch die Zeitumstellung haben wir eine Sonnenstunde mehr, die jeder für sich nutzen kann.

Soll es mehr Videoüberwachung geben?

Ja, damit kann man z. B. Taschendiebe auch dort erwischen, wo viele Menschen sind.

Nein, Straftaten finden dann an Orten ohne Kameras statt. Man kann das Geld besser nutzen, um die Menschen vor den Verbrechern zu beschützen.

deutsch.kombi plus 9, S. 33; 10, S. 37

Verdienen Fußballer zu viel Geld?

Ja, die hohen Gehälter machen den Fußball kaputt. Es gibt dann keinen richtigen Wettbewerb mehr, die immer gleichen Teams gewinnen.

Nein, wenn die Spieler gut sind und die Fußballvereine viel verdienen, sollte das Geld auch bei den Spielern ankommen.

Sollen Schülerinnen und Schüler mit der Hand schreiben?

Ja, wer mit Stift und Papier schreibt, trainiert auch das Gehirn. Hände und Finger werden geschickt. Feinmotorik ist im Leben ganz wichtig.

Nein, denn im späteren Leben wird der perfekte Umgang mit dem Computer gefordert. Die Schule muss die Kinder darauf vorbereiten.

Sollen Schülerinnen und Schüler in den Ferien lernen?

Ja, dann kann man in Ruhe aufholen, wofür im Schuljahr keine Zeit war. Der Umstieg auf die Schule fällt dann wieder leicht.

Nein, Kinder sollten einfach mal etwas tun können, ohne dass es einen bestimmten Zeitplan oder einen Nutzen gibt.

«» deutsch.kombi plus 9, S. 33; 10, S. 37

Sollen Einwegplastikflaschen verboten werden?

Ja, sie verschmutzen die Umwelt sehr, weil sie sich nicht einfach so zersetzen.

Nein, Plastikflaschen sind sehr praktisch. Sie sind leicht zu tragen und gehen nicht so schnell kaputt.

3 Lies die unterschiedlichen Stellungnahmen zur Frage „Sollte Wirtschaft ein Unterrichtsfach sein?".

4 Stelle einige Sätze so um, dass der Text stilistisch abwechslungsreicher wird. Schreibe einen der beiden Texte in verbesserter Form auf (auf der nächsten Seite).

Sollte Wirtschaft ein Unterrichtsfach sein?

Man muss die Wirtschaft begreifen, um die Welt zu verstehen. Deshalb sollten Schüler früh damit beginnen, darüber etwas zu lernen. Ich finde nicht, dass man dafür ein bestimmtes Alter benötigt. Ich habe gemerkt, dass schon junge Schüler Interesse an diesen Themen haben. Sie wollen beispielsweise wissen, was mit dem Geld alles passiert. Leider habe ich auch festgestellt, dass viele Erwachsene diese Fragen nicht beantworten können. Sie verstehen wirtschaftliche Zusammenhänge nicht, weil sie sie nie im Unterricht systematisch behandelt haben.

Wir brauchen nicht mehr Schulfächer, um neue Sachen zu unterrichten. Es ist gar nicht so einfach, wenn ein neues Fach eingeführt werden soll. Zum Beispiel ist wichtig, dass für ein neues Fach Lehrer ausgebildet werden. Außerdem ist es notwendig, spezielle Bücher zu schreiben. Der Stundenplan wäre übervoll, wenn man aus allem im Leben ein eigenes Unterrichtsfach machen würde. Wirtschaft als neues Fach hieße dann auch, dass weniger Stunden für andere Fächer zur Verfügung stehen.

«» deutsch.kombi plus 9, S. 275; 10, S. 36

Um die Welt zu verstehen, muss man die Wirtschaft begreifen

5 Überarbeite jeweils eine der folgenden Stellungnahmen mithilfe der folgenden Leitfragen:
- Hat die Meinungsäußerung eine passende Einleitung?
- Sind die Sätze abwechslungsreich formuliert?
- Ist die Meinungsäußerung sachlich und im Präsens geschrieben?

Sollte das Fernsehen weniger Fußball zeigen?

Ja, ich bin dafür, dass im Fernsehen weniger Fußball gezeigt wird, denn weil so viele Zuschauer Fußball sehen, kommen die anderen Sportarten, zum Beispiel die Leichtathletik, viel zu kurz, und das ist total ungerecht für die Fans und die anderen Sportarten.

Ich bin dagegen, dass weniger Fußball im Fernsehen gezeigt wird, weil die meisten Menschen sich für Fußball in Deutschland interessieren, wenn das so ist, dann haben sie das Recht, dass das Fernsehen darüber informiert, wie ihre Lieblingsteams in der Bundesliga spielen.

«» deutsch.kombi plus 9, S. 275; 10, S. 36

Brauchen wir eine Katzensteuer?

Ja, ich bin für eine Katzensteuer, wenn wir eine Katzensteuer hätten, würden sich weniger Leute eine Katze anschaffen und dann nicht aussetzen, was für unsere Vögel nicht so schlimm wäre wie heute.	Ich bin gegen eine Katzensteuer, denn auch wenn es eine Steuer gäbe, wären da immer noch verwilderte Katzen, die sich unkontrolliert vermehren würden und deshalb sollten einfach mehr Katzen kastriert werden.

6 Schreibe deine eigene Stellungnahme zu den beiden Fragen aus Aufgabe 5. Überprüfe deinen Text anschließend mit den Leitfragen.

«» deutsch.kombi plus 9, S. 275; 10, S. 36

7 Schreibe mit den unten stehenden Argumenten eine Stellungnahme. Setze dabei passende Verknüpfungen zwischen den Argumenten ein (die Pro-Argumente sind bereits unterstrichen). Du kannst dafür die unten stehenden Einleitungen benutzen.

Dem entgegen steht, dass …

Nicht nur …, man muss auch …

Trotz … sollte man … beachten

Dagegen sollte …

Einerseits …, andererseits …

Allerdings ist nicht zu vergessen, dass …

Dagegen spricht, dass …

Sollten Jugendliche Leistungssport betreiben?

<u>Sport ist gut für die Gesundheit.</u> Bei Wettkämpfen ist die Verletzungsgefahr hoch. <u>Gemeinsame Wettkämpfe stärken die Teamarbeit und das Gemeinschaftsgefühl.</u> Turniere und Meisterschaften können sehr zeitaufwendig sein. Schulische Leistungen können bei zu viel Training leiden. <u>Die Jugendlichen lernen, wie sie ihre Zeit einteilen können. Wer wirklich gut werden will, muss früh mit einer Sportart anfangen.</u> Nur wenige Jugendliche schaffen es, Profisportler zu werden. <u>Jugendliche sollen Sport treiben, wenn es ihnen Spaß macht.</u>

Die Sprache im Wandel der Zeit

1 Lies den Text über den Wortschatz des Deutschen.

Der deutsche Wortschatz wächst rasant

Am neu gegründeten Zentrum für digitale Lexikographie der deutschen Sprache (ZDL) wollen Forscher der Berlin-Brandenburgischen Akademie der Wissenschaften (BBAW) eine umfassende Beschreibung des deutschen Wortschatzes geben. In Angriff genommen wurde die Erarbeitung eines digitalen Lexikons, das für jeden im Netz frei zugänglich ist.
Es stellt sich die Frage, welche Veränderungen im deutschen Wortschatz in der letzten Zeit eingetreten sind. Das Wachstum des Wortschatzes erfolgt rasant und unaufhörlich. Der deutsche Wortschatz hat eine immense Vergrößerung zu verzeichnen. Beobachtet wird eine Zunahme von mindestens einer Million neuer Wörter in den letzten 100 Jahren. Welche Erklärung gibt es dafür?
Die Antwort ist einerseits in der Internationalisierung, andererseits in neuen Erfindungen zu suchen. Als die Autos auf der Straße erschienen, kam es zur Entstehung jeder Menge neuer Wörter rund um das Auto: tanken, parken, Zündkerze, Garage und so weiter. Gegenwärtig ist die Verwendung immer mehr neuer Wörter rund um Smartphone und Internet festzustellen. Das bedeutet, der deutsche Wortschatz wird immer reicher. Andererseits werden immer wieder Debatten darüber geführt, dass eine Verarmung des deutschen Wortschatzes zu befürchten ist. Da der Ausdrucksreichtum einer Sprache letztlich auf ihrem Wortschatz fußt, muss man den Schluss ziehen, dass gegenwärtig eine mächtige Entwicklung des Deutschen vollzogen wird. Wonach wird die Entscheidung getroffen, welche Wörter im Lexikon enthalten sind? Zum einen bildet eine sehr sorgfältig ausgewählte Menge von Texten aus Literatur, Wissenschaft und Alltagsgebrauch mit insgesamt etwa 200 bis 300 Millionen Wörtern eine Grundlage, zum anderen greift man natürlich Vorschläge des Wortgebrauches aus der Gegenwartssprache, zumeist aus Zeitungsartikeln, auf, die eine Menge von etwa zwölf Milliarden Wörtern umfassen.

2 Der Text ist im Nominalstil geschrieben. Er enthält anstatt einfacher Verben sehr viele Nomen-Verb-Verbindungen. Schreibe zu den markierten Substantiven/Nomen die dazugehörenden (im Text verwendeten) Verben im Infinitiv.

eine Beschreibung *geben* ____________________

in Angriff *nehmen* ____________________

sich die Frage ____________________

Veränderungen ____________________

«» deutsch.kombi plus 9, S. 285; 10, S. 307

Wachstum ______

eine Vergrößerung ______

eine Zunahme ______

eine Erklärung ______

die Antwort ______

zur Entstehung ______

die Verwendung ______

Debatten ______

eine Verarmung ______

den Schluss ______

eine Entwicklung ______

eine Entscheidung ______

Vorschläge ______

3 Verwende acht Nomen-Verb-Verbindungen in je einem Satz.

In dem Heimatjournal wird eine ausführliche Beschreibung dieser Stadt gegeben.

4 Ersetze die Nomen-Verb-Verbindungen durch Verben, die eine gleiche oder ähnliche Bedeutung haben.

eine Beschreibung geben = beschreiben, in Angriff nehmen = anfangen,

5 Beantworte die folgenden Fragen.

1. Was tut man mit Überlegungen? *Man stellt sie an.*
2. Was tut man mit Feststellungen? ______
3. Was tut man mit Schussfolgerungen? ______
4. Was tut man mit Abmachungen? ______
5. Was tut man mit Verpflichtungen? ______
6. Was tut man mit Risiken? ______
7. Was tut man mit Fragen? ______
8. Was tut man mit Problemen? ______
9. Was tut man mit Antworten? ______
10. Was tut man mit Lösungen? ______

6 Verwende vier Nomen-Verb-Verbindungen aus Aufgabe 5 in je einem Satz.

______

______

______

______

7 Dieser Text ist im Nominalstil gehalten. Schreibe einen neuen Text und ersetze die markierten Nomen-Verb-Verbindungen durch Verben mit gleicher oder ähnlicher Bedeutung.

Fremdwörter im Wandel der Zeit

Beim deutschen Wortschatz wird zurzeit ein starkes Wachstum festgestellt. Besonderer Beliebtheit erfreuen sich Fremdwörter aus der englischen Sprache, die Anglizismen. Gerne wird aber auch Kritik an Anglizismen im Deutschen geübt. Immer wieder stellen Sprachkritiker die Behauptung auf, dass die Sprache auf diese Weise verschlechtert werde.

Diese Kritik ist keine Erfindung unserer Zeit. Vor 350 Jahren wurde dieselbe Behauptung aufgestellt: Fremdwörter schaden einer Sprache. Damals wurden viele Übernahmen aus dem Französischen getätigt.

Manche Gelehrte in dieser Zeit unternahmen den Versuch, deutsche Ersatzwörter zu finden. Wörter wie „Erdgeschoss“ für französisch „Parterre“ sind bis heute in Verwendung, andere Vorschläge konnten sich nicht durchsetzen. Der Ausdruck „Gesichtserker“ für „Nase“ ist so ein Beispiel. Inzwischen hat man die Erkenntnis gewonnen, dass das nur ein Scherz war.

Wir können nur Vermutungen anstellen, ob es in noch früherer Zeit schon Sprachkritik gegeben hat. Die Sprachwissenschaft konnte allerdings den Beweis erbringen, dass schon im

«» deutsch.kombi plus 9, S. 285; 10, S. 307

Mittelalter viele Fremdwörter genutzt wurden. Damals wurden viele Übernahmen aus dem Lateinischen durchgeführt. Diese Sprache wird heute nicht mehr gesprochen und nur selten geschrieben. Lateinische Fremdwörter werden nicht mehr erkannt. Wer kann sich beispielsweise ins Gedächtnis rufen, dass „schreiben“ vom lateinischen „scribere“ stammt? Das lässt auch die Vermutung zu, dass mit den Anglizismen irgendwann dasselbe geschehen wird.

8 Beschreibe die Unterschiede zwischen den beiden Texten.

«» deutsch.kombi plus 9, S. 285; 10, S. 307

Ganz schön schlaue Wilma

1 Lies den Text über den Roboter Wilma.

menschenähnlich | klein | groß | technikbegeistert | rund

groß | beweglich | humanoid | unerfahren | weiß

Der Roboter Wilma erlernt an der Hochschule Wildau den Beruf einer Bibliothekshelferin. Wilma ist schon jetzt ein ______ Star an der Technischen Hochschule von Wildau im Landkreis Dahme-Spreewald. Das ______ Wesen mit den ______ Kulleraugen lässt die Herzen der ______ Studentenschaft höher schlagen. Wilma ist eine Maschine mit ______ Kopf, mit ______ Oberkörper sowie ______ Armen und Händen. Wilma kann hören, sehen, sprechen und sich ganz selbstständig durch die Bibliothek bewegen. Wilma ist 1,20 Meter hoch – ein sogenannter ______ Roboter, der selbstständig bestimmte Aufgaben ausführt. Wilmas Unterbau steht auf Rollen. Auf denen kurvt sie an den Regalreihen und Bestelltischen der Bibliothek entlang. Wilma arbeitet hier als Bibliotheksassistentin. Ihre Aufgabe ist es, vor allem ______ Nutzern der Bibliothek zu helfen. Wilma erinnert ein wenig an die Filmfigur E. T.

Ihr Körper ist die Hardware des Roboters. Es ist eine Entwicklung eines französisch-japanischen Herstellers. Vor der ______ Brust hat Wilma ein Tablet. Nach einem Auftrag legt sie den Kopf schief, als müsste sie überlegen. Sie umfährt Hindernisse, biegt nach rechts oder links ab und landet schließlich mit einer Verbeugung – „Bitteschön!“ – an der gesuchten Stelle. Die nächste Übung muss allerdings noch warten. Wilma hat den Kopf auf die Brust gelegt, sie kommt zwar nicht ins Schwitzen, aber bevor sie überhitzt, nimmt sie sich erst einmal eine kleine Auszeit. Ganz schön schlau!

2 Setze passende Attribute in den Text ein und mache ihn dadurch abwechslungsreicher.

«» deutsch.kombi plus 9, S. 156; 10, S. 92

3 Verwende anstelle von „Wilma“ in den folgenden Sätzen jeweils ein anderes Subjekt.

der menschenähnliche Roboter | das goldige Maschinenmenschlein | das fahrende Computerwesen | das weiße Geschöpf | das kleine menschenähnliche Wesen | die niedliche Maschine | der humanoide Roboter | ~~die schlaue Roboterassistentin~~

1. Wilma *Die schlaue Roboterassistentin* führt bestimmte Aufgaben in der Bibliothek aus.
Die schlaue Roboterassistentin führt bestimmte wichtige Aufgaben in der Bibliothek sehr präzise und selbstständig aus.

2. Wilma ______________ kurvt auf Rollen an den Regalreihen entlang. ______________

3. Wilma ______________ erinnert an die Filmfigur ET.

4. Wilma ______________ setzt sich in Bewegung.

5. Wilma ______________ umfährt die Hindernisse.

6. Wilma ______________ biegt nach rechts oder links ab.

7. Wilma ______________ landet mit einer Verbeugung an den Schließfächern. ______________

8. Wilma ______________ bleibt stehen. ______________

4 Erweitere nun die Sätze der Aufgabe 3 durch ein Attribut und/oder eine Adverbialbestimmung. Schreibe den neuen Satz jeweils in die zusätzliche Zeile unter dem ersten Satz.

deutsch.kombi plus 9, S. 157; 10, S. 92

5 Lies den Text über ein Vorstellungsgespräch.

Wenn ein Roboter die Fragen stellt

Es ist still am anderen Ende der Leitung. Habe ich etwas Falsches gesagt? Es ist mein erstes Vorstellungsgespräch bei einer Maschine. Ich bin irritiert. „Äh, soll ich dazu noch mehr sagen?“, frage ich. Schweigen. So rede ich einfach weiter und erzähle, wie der letzte Sonntag bei mir verlaufen ist. Danach hatte mich der Roboter gefragt. […] Ich habe schon alles Mögliche aufgezählt: ____________ lange ausgeschlafen, ____________ ausgiebig gefrühstückt, ____________ neugierig in die Zeitung geschaut, ____________ widerwillig aufgeräumt … Was noch? Ich gerate ins Stocken und frage mich, was der Roboter jetzt wohl denken mag. Registriert er eine Spur Verunsicherung in meiner Stimme? Erzählen andere Menschen ____________ lebendiger als ich? Mein Vorstellungsgespräch hat gerade erst begonnen, aber ich habe schon jetzt das Gefühl: Das geht ____________ schief. Der Roboter, der mich interviewt, ist keine Maschine mit Metallarmen, sondern ein Computerprogramm namens Precire, der mit künstlicher Intelligenz und einer aufgezeichneten Stimme ausgestattet ist und prüfen soll, ob ich der geeignetste Bewerber bin. […]

Das gibt es immer öfter: Computer sehen Bewerbungen durch, testen Kandidaten, führen Vorstellungsgespräche, fällen ein Urteil. „Robo-Recruiting“ nennen Experten das. […]

Ich logge mich auf der Internetseite ein. Das Programm meldet sich am Telefon mit einer Männerstimme. Der Tonfall ist nüchtern. Die Stimme sagt: „Den Zugang zum Precire-Interview erhalten Sie mit der Raute-Taste“, und wiederholt den Satz zweimal, weil ich nicht sofort auf die Taste drücke. Danach fordert mich die Stimme in sachlichem Ton auf: „Bitte beschreiben Sie den Ablauf eines typischen Sonntags.“ Ich erzähle […]

Die Maschine lauscht, und es kommt zu einem langen Schweigen. Dann meldet sich die Stimme zurück: „Erzählen Sie bitte ausführlich von einem positiven Erlebnis der letzten Zeit.“ Ich berichte von einer Reise mit Freunden an die Nordsee, von Schafen und Dünen und Wanderungen am Strand. So geht es eine Viertelstunde lang weiter. Die Stimme fragt: „Wie ging es Ihnen in den letzten Wochen? Wie haben Sie sich gefühlt?“

Ich antworte, aber zugleich steigt in mir ein ungutes Gefühl auf, dass ich einen Einblick in meine Gefühlswelt gegeben habe, ohne bei meinem Gegenüber die kleinste Regung wahrzunehmen, und es mich besorgt macht, dass diese Maschine in der Lage sein soll, in wenigen Minuten verborgene Signale auszuwerten, die ich nicht kontrollieren kann.

«» deutsch.kombi plus 9, S. 296; 10, S. 78

Am Ende dankt mir die Stimme und sagt: „Wir wünschen Ihnen einen schönen Tag!“ Zwar wertet der Algorithmus, der mich interviewt, nur die Sprache aus, meine Wortwahl, Stimme und Betonung. In einer milden Form ist Robo-Recruiting aber schon heute weit verbreitet. […] Nach dem Bewerbungsgespräch fühle ich mich irgendwie unwohl, wobei ich nicht erklären kann, woher mein Unbehagen kommt, zumal ich neuen Techniken eigentlich aufgeschlossen gegenüberstehe und künstliche Intelligenz mich fasziniert. […]

Einen Tag nach meinem Interview kann ich auf einer Internetseite abrufen, was die Maschine über mich herausgefunden haben will. Mein Charakter wird beschrieben. Demnach bin ich extrem neugierig. Stark ausgeprägt sei mein Bedürfnis nach Autonomie, eher schwach mein Streben nach Dominanz. Das könnte stimmen, denke ich. Dann aber verblüfft mich die Maschine. In etlichen Kategorien schneide ich durchschnittlich ab: Kontaktfreude, Selbstorganisation, emotionale Stabilität, Risikofreude, Ausdauer und, und, und – immer nur Mittelmaß. Insgesamt deute mein Profil auf einen „leistungsbereiten Mitarbeiter“ hin, für einen Führungsjob allerdings wäre ich eher nicht der Richtige.

6 Prüfe, wie du die grün markierten Sätze im Text vereinfachen kannst. Gib den Inhalt mit eigenen Worten wieder. Schreibe in der dritten Person.

Der Autor wird von einem Computerprogramm interviewt.

7 Erweitere im Text die blau markierten Adverbialbestimmungen. Du kannst die folgenden Gradadverbien verwenden.

ziemlich | besonders | etwas | extrem | sehr

ungewöhnlich | total | viel | eher | völlig

8 Schreibe kurz deine Meinung zu Vorstellungsgesprächen durch Maschinen.

 deutsch.kombi plus 9, S. 296; 10, S. 78

9 In den folgenden Sätzen sind die Attribute fehlerhaft gebildet. Korrigiere die falschen Formen.

1. Die Algorithmen erstellen für Arbeitgeber Listen mit den angeblich bestgeeignetsten Kandidaten für eine Stelle.

2. Der Roboter schockiert die Bewerber durch höchstpeinlichste Fragen.

3. Er fragt die Kandidaten nach meistgefürchtetsten Situationen.

4. Die Bewerber bemühen sich um zutiefstüberzeugendste Antworten.

5. Die Bewerber wollen den bestmöglichsten Eindruck hinterlassen.

10 Korrigiere die folgenden Attribute.

1. die optimalste Variante

2. die minimalste Fehlerquote

3. das totalste Chaos

4. die maximalste Punktzahl

5. in keinster Weise

6. der einzigste Fehler

deutsch.kombi plus 9, S. 157; 10, S. 51

11 Setze die korrekten Attribute in die Sätze ein.

1. Der Computer erfragt die geistliche Entwicklung der Bewerber.

____

2. Es handelt sich um ein fünfzehnminütliches Programm.

____

3. Die Kandidaten müssen sich zeitlich anmelden.

____

4. Wilma hat ein kindisches Aussehen.

____

12 Bei diesen Attributen stimmt der Bezug nicht. Schreibe den Satz neu auf, sodass der Bezug stimmt.

1. gut erhaltene Knochenfunde von Urmenschen

Funde gut erhaltener Knochen von Urmenschen

2. ein vierstöckiger Hausbesitzer

____

3. ein geräucherter Fischladen

____

4. ein allradgetriebener Autobesitzer

____

5. ein vierköpfiger Familienvater

____

6. überdachte Sitzplatzkarten

13 Im Folgenden liest du „Sprachpannen“, die in verschiedenen Zeitungen vorgekommen und unter der Rubrik „Hohlspiegel“ erfasst worden sind. Korrigiere die Beispiele.

1. Aus dem „Kölner Stadtanzeiger“:
Viele Opfer wurden nach ersten Angaben von Ärzten tot getrampelt [sic!].

Es muss heißen: *Nach ersten Angaben von Ärzten wurden viele Opfer totgetrampelt.*

2. Aus der „Hamburger Morgenpost“:
Terror Touris
60 Beamte gingen gegen Urlauber mit Bierflaschen vor.

Es muss heißen: ______________________________

____

3. Aus der „Saarbrücker Zeitung“:
Aus gesundheitlichen Gründen habe ich bei einem Aufenthalt auf Sylt den Orkan „Erwin“ erlebt.

Es muss heißen: ______________________________

____

4. Aus der „Rhein Main Presse“:
Kaufe Uromas und antike Sachen, Stand und Wanduhren, auch defekt, Elektrogeräte und Flohmarktartikel.

Es muss heißen: ______________________________

____

5. Aus dem „Hamburger Abendblatt“:
Religiöse Rituale. Kinderbund will runden Tisch zur Beschneidung.

Es muss heißen: ______________________________

____

6. Aus dem „Verler Magazin“:
Gebrauchter Küchenverkauf

Es muss heißen: ______________________________

«» deutsch.kombi plus 9, S. 296; 10, S. 75

14 Im Folgenden liest du „Sprachpannen“, die aus verschiedenen Schülertexten stammen. Korrigiere die Beispiele.

1. Erdkunde: Nuer und Dinka sind hauptsächlich nomadische Hirtenvölker, sie weiden die Savanne ab.

Es muss heißen:

2. Wirtschaft: Die Seeleute sind wochenlang auf Fischfang, danach werden sie tiefgefroren im Hafen ausgeladen und verschickt.

Es muss heißen:

3. Mathe (Klausuren werden zurückgegeben): Weil ich eine Fünf geschrieben hatte, wurde ich dem Schulleiter zur Kontrolle vorgelegt.

Es muss heißen:

4. Gemeinschaftskunde (Thema: Meine Familie): Meine Mutter brachte außer mir noch zwei Kinder zur Welt, ein dreijähriges und ein acht Monate altes.

Es muss heißen:

5. Gemeinschaftskunde (Thema: Wochenendausflug): Die Besitzerin der Stute war Frau Kalb, sie war schnell gesattelt und mein Vater schwang sich gekonnt auf sie drauf.

Es muss heißen:

6. Kunst: Wir hatten ein halbes Jahr Bilder gemalt. Nachdem der Lehrer uns aufgehängt hatte, wurden die Eltern zur Besichtigung eingeladen.

Es muss heißen:

Eine wissenschaftliche Studie belegt

1 Lies folgenden Text über die Mediennutzung von Kindern und Jugendlichen.

Gefährliche Geräte?

Welche Folgen hat es, dass Kinder und Jugendliche immer früher und immer mehr digitale Medien nutzen? Einige Experten sind sich bei ihrer Einschätzung sicher. Für sie steht fest, dass der Konsum digitaler Medien via Smartphone Kinder tatsächlich krank machen kann. Doch das größere Problem in dieser Frage ist, dass bei den Wissenschaftlern keine Einigkeit herrscht. Andere Experten bestreiten nämlich, dass Smartphones und digitale Medien grundsätzlich negative Auswirkungen auf Kinder haben.

Fest steht, dass immer mehr Kinder ein eigenes Smartphone besitzen oder die Geräte ihrer Eltern nutzen, was dazu führt, dass sie schon im Grundschul- oder Kindergartenalter Zugang zu digitalen Medien haben. Diese Entwicklung folgt damit dem Trend, dass immer mehr Menschen ein Smartphone besitzen. In mehreren Studien wurde mittlerweile festgestellt, dass Smartphones Auswirkungen auf das Verhalten von Kindern und Jugendlichen haben. Der Extremfall ist, dass eine wirkliche Sucht nach den Geräten vorliegt. Dies ist jedoch nur die Ausnahme und kommt bei einem kleinen Teil der Kinder und Jugendlichen vor. Doch welche Folgen hat es für die Mehrheit der Kinder und Jugendlichen, dass sie immer mehr digitale Medien über das Smartphone konsumieren?

Im Folgenden werden drei Streitpunkte vorgestellt:

Smartphones stören die Konzentration:

Eine häufig aufgestellte These ist, dass Kinder dadurch unaufmerksamer und hyperaktiver werden, dass sie häufig digitale Medien über das Smartphone nutzen. Kritiker weisen darauf hin, dass der Zusammenhang auch umgekehrt sein könnte: Kinder mit Aufmerksamkeitsdefiziten würden häufiger digitale Medien konsumieren.

Smartphones verursachen Sprachprobleme:

Immer wieder wird behauptet, dass die übermäßige Smartphone-Nutzung das Sprachvermögen verschlechtert. Der entscheidende Aspekt dabei könnte möglicherweise sein, dass Kindern mit einem hohen Medienkonsum von ihren Eltern weniger Förderung erhalten. Digitale Medien könnten auch dafür sorgen, dass Lernprozesse abwechslungsreicher und motivierender gestaltet werden und dass auf diese Weise das Sprachvermögen durch digitale Medien sogar verbessert wird.

«» deutsch.kombi plus 9, S. 297; 10, S. 51

Smartphones sind schädlich für die körperliche Gesundheit:

Das dritte Problem könnte sein, dass Kurzsichtigkeit dadurch entsteht, dass Kinder und Jugendliche zu viel auf die kleinen, sehr nah stehenden Bildschirme schauen. Einigkeit besteht darüber, dass zu wenig natürliches Licht nicht gut für die Augen ist. Allerdings ist zu beachten, dass hierbei nicht nur Smartphones die Ursache sind, sondern alle möglichen Arten von Bildschirmen.

Zusammenfassend lässt sich sagen, dass Smartphones nicht grundsätzlich schlecht sind, dass vor allem die Dauer der täglichen Nutzung wichtig ist, dass es dafür klare Regeln geben sollte und dass Kinder und Jugendliche den bewussten Umgang mit digitalen Medien lernen sollten. Grundsätzlich ist also darauf zu achten, dass Eltern ihre Kinder nicht mit digitalen Medien alleinlassen. Hierdurch lässt sich am besten vermeiden, dass es zu möglichen negativen Folgen kommt.

2 Aus den Markierungen im Text kannst du ersehen, dass der Text stilistisch nicht sehr gut gelungen ist. Er weist eine Unmenge von *dass*-Sätzen auf und wirkt deshalb sehr eintönig. Formuliere anstelle der *dass*-Sätze eine andere Satzvariante.

1. Welche Folgen hat es, dass Kinder und Jugendliche immer früher und immer mehr digitale Medien nutzen?

Variante: *Welche Folgen hat es, wenn Kinder und Jugendliche immer früher und immer mehr digitale Medien nutzen?*

2. Für sie steht fest, dass der Konsum digitaler Medien via Smartphone Kinder tatsächlich krank machen kann.

Variante: ____________________

3. Andere Experten bestreiten, dass Smartphones und digitale Medien grundsätzlich negative Auswirkungen auf Kinder haben.

Variante: ____________________

4. Fest steht, dass immer mehr Kinder ein eigenes Smartphone besitzen oder die Geräte ihrer Eltern nutzen, sodass sie schon im Grundschul- oder Kindergartenalter Zugang zu digitalen Medien haben.

Variante:

5. In mehreren Studien wurde mittlerweile festgestellt, dass Smartphones Auswirkungen auf das Verhalten von Kindern und Jugendlichen haben.

Variante:

6. Der Extremfall ist, dass eine wirkliche Sucht nach den Geräten vorliegt.

Variante:

3 Schreibe auch diese Sätze so um, dass der *dass*-Satz verschwindet. Schreibe statt einem Satz zwei Sätze.

1. Eine häufig aufgestellte These ist, dass Kinder dadurch unaufmerksamer und hyperaktiver werden, dass sie häufig digitale Medien über das Smartphone nutzen.

Variante: *Häufig wird die These aufgestellt, Kinder würden unaufmerksamer und hyperaktiver. Dies sei eine Folge der Nutzung digitaler Medien über das Smartphone.*

2. Immer wieder wird behauptet, dass die übermäßige Smartphone-Nutzung das Sprachvermögen verschlechtert.

Variante:

3. Digitale Medien könnten auch dafür sorgen, dass Lernprozesse abwechslungsreicher und motivierender gestaltet werden und dass auf diese Weise das Sprachvermögen durch digitale Medien sogar verbessert wird.

Variante:

«» deutsch.kombi plus 9, S. 297; 10, S. 51

4. Das dritte Problem könnte sein, dass Kurzsichtigkeit dadurch entsteht, dass Kinder und Jugendliche zu viel auf die kleinen, sehr nah stehenden Bildschirme schauen.

Variante:

4 Schreibe den zweiten Teil des Textes neu auf. Benutze verschiedene Satzarten.

Im Folgenden werden drei Streitpunkte vorgestellt:

5 Im Folgenden liest du „Sprachpannen", die in verschiedenen Publikationen vorgekommen und unter der Rubrik „Hohlspiegel" erfasst worden sind.
Korrigiere die Beispiele.

1. Aus dem „Südkurier":
Obwohl von der Frau noch immer jede Spur fehlt, steckt die Polizei bei ihren Ermittlungen in der Sackgasse.

So wäre es logisch: *Obwohl sie allen Spuren nachgegangen ist, steckt die Polizei bei ihren Ermittlungen in der Sackgasse.*

2. Aus der „Rhein-Neckar-Zeitung":
Er wurde nur 27 Jahre alt, nachdem er an Tuberkulose starb.

So wäre es logisch: ______________________________

3. Aus der hannoverschen „Neuen Presse":
24-Jährige starb kurz, bevor sie „Ja" sagte.

So wäre es logisch: ______________________________

4. Aus dem Wissenschaftsmagazin „Zeit Wissen":
Laut der amerikanischen Feuerwehr-Vereinigung sterben 40 Prozent der Opfer an der Vergiftung, bevor sie wieder aufwachen.

So wäre es logisch: ______________________________

5. Hinweisschild in einem Stadtbus in Hamburg:
Wir freuen uns, wenn Sie vorne einsteigen, die Fahrkarte vorzeigen und hinten wieder aussteigen.

So wäre es logisch: ______________________________

6. Aus den „Westfälischen Nachrichten":
Mit 30 Jahren viel zu früh gestorben, managte fortan Ehefrau und Mutter Judith das Geschäft mit dem Eis.

So wäre es logisch: ______________________________

«» deutsch.kombi plus 9, S. 296; 10, S. 75

6 Im Folgenden liest du „Sprachpannen“, die aus verschiedenen Schülertexten stammen. Korrigiere die Beispiele.

1. Sport: Matthias schoss den Ball sehr schräg und landete in der Seitenscheibe eines Autos.

So wäre es logisch: ______________________________

____

____

____

2. Geschichte: Der Krieg kostete viele Dörfer und Städte das Leben.

So wäre es logisch: ______________________________

____

____

3. Russisch: In den Augen eines Russen hört sich das ganz anders an.

So wäre es logisch: ______________________________

____

____

4. Sport: Beim Kugelstoßen ruht das Gewicht auf dem mittleren Bein.

So wäre es logisch: ______________________________

____

____

____

5. Gemeinschaftskunde (Thema: Familienausflug): Meine Mutter hatte Tee, Butterbrote und Äpfel bereitgehalten und erwartete ihre völlige Vernichtung.

So wäre es logisch: ______________________________

____

____

6. Deutsch: Mein Freund vermeidet es, wo er kann, keinen Streit zu bekommen.

So wäre es logisch: ______________________________

____

____

Kaum zu glauben!

1 Lies die folgenden Texte. Setze dann die entsprechenden Relativpronomen in die Leerstellen ein.

Der längste Städtename der Welt

Die thailändische Hauptstadt Bangkok ist immer noch eines der meist angeflogenen Reiseziele. Doch wer einen Flug in die Millionenmetropole buchen will, sollte sich auf den geläufigen Namen der Stadt berufen, _____ Originalname weder einfach auszusprechen ist noch auf ein gängiges Buchungsformular passt. Denn der richtige Name von Bangkok lautet: *Krung Thep Mahanakhon Amon Rattanakosin Mahinthara Ayuthaya Mahadilok Phop Noppharat Ratchathani Burirom Udomratchaniwet Mahasathan Amon Piman Awatan Sathit Sakkathattiya Witsanukam Prasit.*

Übersetzt heißt das „Stadt der Engel, große Stadt [und] Residenz des heiligen Juwels Indras (Smaragd-Buddha), uneinnehmbare Stadt des Gottes, große Hauptstadt der Welt, geschmückt mit neun wertvollen Edelsteinen, reich an gewaltigen königlichen Palästen, _________ dem himmlischen Heim des wiedergeborenen Gottes gleichen, Stadt, _________ von Indra geschenkt und von Vishnukarm gebaut wurde."

Die Einheimischen nennen ihre Hauptstadt, _________ Originalname übrigens der längste Städtename der Welt ist und ohne Leerzeichen 139 Zeichen umfasst, kurz und knapp Krung Thep, was schlicht und einfach „Stadt der Engel" bedeutet.

Durch Kniebeugen zu einem Freiticket

Wer in Moskau U-Bahn fahren möchte und keine 30 Rubel (etwa 70 Cent) zur Hand hat, kann sein Ticket mit einer ganz anderen Währung bezahlen: mit vollem Körpereinsatz. In der Metro-Station Wystawotschnaja steht ein Automat mit Sensoren, vor _________ der Fahrgast nun dreißig Kniebeugen innerhalb von zwei Minuten machen muss. Schafft er das, bekommt er ein Freiticket spendiert.

Allerdings scheinen die Kniebeugen, _________ Form der „Olympianorm" entsprechen muss, einige Fahrgäste arg zu strapazieren. Der Anklang ist trotzdem riesig. Das erste freie Ticket verdiente sich übrigens die Turnerin Jelena Samolodtschikowa, _________ bei den Olympischen Spielen in Sydney im Jahr 2000 zweifach Gold gewonnen hat. Sie hatte keine Probleme bei der Turnübung.

«» deutsch.kombi plus 9, S. 113; 10, S. 163

2 Lies die folgenden Texte. Schreibe das richtige Wort über das grün markierte falsche, sodass die falschen Bezüge korrigiert werden.

Thor holt seinen Hammer

Thor war die (der) Sohn des Göttervaters Odin und Donnergott. Er trug stets seinen Hammer Mjolnir bei sich, den als mächtigste Waffe überhaupt galt und immer zu Thor zurückkehrte, sobald er ihn fortwarf. Eines Morgens bemerkte Thor mit Schrecken, dass seinem Hammer fehlte. Vergebens durchsuchte er alle Räume seines Hauses. Da kam Loki, der listenreiche Gott, der man nie trauen konnte, ob er auf der Seite der Riesen oder der Götter stand. Er konnte sein schadenfrohes Lächeln kaum verbergen, als Thor ihm sein Missgeschick erzählte. „Die Riesen werden ihm gestohlen haben", sagte Loki gleichmütig. „Wenn du willst, werde ich bei dir nachforschen." Und Thor willigte ein.

Von Frigga lieh sich Loki das Federgewand, flog nach Riesenheim und brachte schnell in Erfahrung, dass der Riese Thrym, der König der Unholde, den Hammer gestohlen und acht Meilen tief unter den Erde vergraben hatte. „Nur um einen Preis werde ich der Hammer herausgeben", rief der Riese, „nur wenn Frigga, die schönste Göttin, meine Frau wird."

Die Weltmaschine – ein Wunder, die niemand versteht

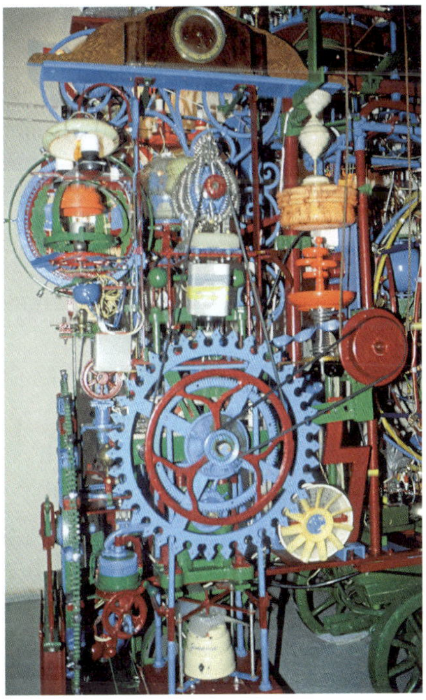

Der Österreicher Franz Gsellmann war sein Leben lang eine sonderbare Person, der schweigsam, exzentrisch und starrköpfig gewesen sein soll. Geboren wurde er 1910 in Kaag in der Steiermark. Gsellmann, dessen persönlicher Wunsch es eigentlich war, Elektriker zu werden, übernahm auf Anweisung seines Vaters den elterlichen Bauernhof. Die große Wende kam 1958. Auf einem Bild sah er das 102 Meter hohe Bauwerk des Brüssler Atomiums, der ihn irrsinnig begeisterte. Sofort fuhr er nach Belgien und macht sich vor Ort ein genaues Bild von diesem Gebäude. Zurück zu Hause fängt er mit einer Leidenschaft, die seinesgleichen sucht, selbst an, eine Maschine zu bauen. 23 Jahre lang! Jeden Tag! Das Material dazu bekommt er von Schrottplätzen und Flohmärkten. Über den Sinn seiner gigantischen Maschine schweigt Franz Gsellmann beharrlich. Doch die Ausmaße der Konstruktion sind gewaltig. Kurz vor seinem Tod am 2. Juli 1981 erklärt er sein Werk für vollendet und nennt sie Weltmaschine. Doch die Funktion ist bis heute ein Rätsel, die Gsellmann nie jemanden verraten hat.

3 Lies die folgenden Texte. Fülle dann die Leerstellen mit den entsprechenden Konjunktionen oder Relativpronomen aus.

Auszug aus dem Roman „Tschick"

Der Ich-Erzähler Maik ist in seiner Klasse eher ein Außenseiter. Insbesondere bei Mädchen tut er sich schwer. Der folgende Auszug beschreibt eine Sportstunde.

Wir waren auf der Hochsprunganlage, und die Mädchen saßen nebenan im Gras, __________ ihnen Frau Beilcke einen Vortrag gehalten hat. [...] In Wahrheit hörten sie natürlich nicht zu, __________ guckten zu uns rüber. Tatjana hockte mit ihrer besten Freundin Natalie ganz am Rand. Sie hockten da und tuschelten. Und ich saß wie auf glühenden Kohlen. Ich wollte unbedingt drankommen, __________ Frau Beilcke mit ihrem Sermon[1] zu Ende war. [...] Als André sich über die Latte gequält hatte, gab es Mädchenjubel, und Frau Beilcke guckte streng. Bei eins fünfundfünfzig rief Natalie: „Das schaffst du, André!" Eine extrem blöde Anfeuerung, __________ er schaffte es natürlich nicht. [...] Als Nächstes feuerten sie Kevin an. Mathegenie Kevin. Aber über eins sechzig kam der auch nicht drüber. Und dann war nur noch ich drin. Wolkow ließ eins fünfundsechzig auflegen, __________ ich merkte schon beim Anlauf, __________ ist mein Tag. Es war der Tag des Maik Klingenberg. Ich hatte dieses Triumphgefühl schon beim Absprung. Ich sprang überhaupt nicht, ich segelte über die Anlage wie ein Flugzeug, ich stand in der Luft, ich schwebte. [...] __________ mein Rücken in die weiche Matte sank, hörte ich, __________ auf der Jungenseite verhalten geklatscht wurde. Auf der Mädchenseite hörte ich nichts. __________ die Matte mich wieder hochdrückte, war mein erster Blick zu Tatjana, und Tatjana guckte Frau Beilcke an. Natalie guckte auch Frau Beilcke an. Sie hatten meinen Sprung überhaupt nicht gesehen, __________ blöden Kühe.

1 Sermon: langweiliges Gerede

Rezension zu „Tschick"

Maik Klingenberg, __________ Ich-Erzähler aus „Tschick", ist sicherlich kein typischer Held. Er beschreibt sich selbst als Außenseiter, __________ dazu noch langweilig ist. Und doch traut er sich, die Reise in dem Lada anzutreten. Aus dem Leben ausbrechen, __________ man gewöhnt ist, mit diesem Traum kann sich vermutlich jeder identifizieren. Der Autor beschreibt diese Reise so stimmungsvoll und witzig, __________ man sofort mit ins Auto steigen möchte. Dabei wird aber nicht verschwiegen, __________ ernst das Leben sein kann. Diese Kombination ist die größte Stärke des Romans, __________ nicht nur Jugendliche begeistern kann.

 «» deutsch.kombi plus 9, S. 113; 10, S. 163

Frecher Straßendieb klaute ganze Straße

Geldbeutel, Handtaschen, Uhren, Handys sind Dinge, __________ Passanten täglich weltweit auf der Straße geklaut werden. Einem Mann in Russland war das jedoch zu wenig. Er klaute stattdessen eine ganze Straße! Er kam mit einem Kranwagen, mit __________ Hilfe er nachts insgesamt 82 Betonplatten abmontierte und damit seinen Lastwagen belud. Überführt wurde er nur, __________ er durch Zufall in eine Verkehrskontrolle kam. Jetzt drohen ihm zwei Jahre Haft. In Russland werden immer wieder Straßenteile geklaut, __________ anschließend auf dem Schwarzmarkt verkauft werden.

Hundert Jahre Licht: die am längsten brennende Glühbirne der Welt

1901 ging Dennis Bernal, dem Besitzer des amerikanischen Elektrizitätswerks „Livermore Power and Light Company“, ein Licht auf. Er schenkte der örtlichen Feuerwehr von Livermore eine Glühbirne, __________ am 8. Juni des gleichen Jahres in die Fassung gedreht wurde und bis heute brennt. Damit ist sie nach Angaben des Guinessbuchs der Rekorde die älteste leuchtende Glühbirne der Welt.

Das Licht, __________ man liebevoll „Centennial Light“ (Hundertjähriges Licht) nennt, wird alle zehn Sekunden über eine Webcam in die ganze Welt ausgestrahlt.

Berauschende Ehrlichkeit

Post von der Staatsanwaltschaft ist meistens sehr unerfreulich. Erst recht, __________ der Adressat ein Mitglied eines Oldenburger Rockerclubs wie Stephan H. ist. __________ der seine Post öffnete, war die Überraschung groß.

Der Inhalt: Haschisch und Amphetamine!

Wie kam es dazu? In der Oldenburger Asservatenkammer (Raum für amtlich Aufzubewahrendes) kam es zu einem Zahlendreher, __________ die Polizei eine gefundene Uhr zurückschicken wollte. Der zuständige Beamte packte also mit gutem Gewissen die Drogen in ein Päckchen, __________ er an Stephan H. schickte.

Doch dieser Rocker bewies einen klaren Verstand und jede Menge Ehrlichkeit, __________ er sofort zur Polizei marschierte und die illegalen Substanzen dort abgab. „Wir sind ehrliche Rocker und haben mit Drogen nichts am Hut“, erklärte er der „Nordwest-Zeitung“.

4 Im Folgenden liest du „Sprachpannen“, die in verschiedenen Zeitungen vorgekommen und unter der Rubrik „Hohlspiegel“ erfasst worden sind.
Korrigiere die Beispiele.

1. Aus der „Welt“:
Seit Mai wurden vermehrt ältere Menschen Opfer von Taschendieben, die gerade Geld bei ihrer Bank abgehoben hatten.

Es muss heißen: *Ältere Menschen, die gerade Geld bei ihrer Bank abgehoben hatten, wurden seit Mai vermehrt Opfer von Taschendieben.*

2. Aus der „Süddeutschen Zeitung“:
VW willigte ein, die Autobesitzer mit Motoren zu entschädigen, deren Abgaswerte manipuliert worden waren.

Es muss heißen: ______________________________

____

3. Aus dem „Tagesspiegel“:
Sie warfen Stöckchen in die Richtung der Sprayer, die die Hunde apportierten.

Es muss heißen: ______________________________

____

4. Aus dem Stuttgarter Wochenblatt „Sonntag aktuell“:
Er vermittelt Rentner, die sich um den Garten kümmern, Haustiere und den Briefkasten leeren.

Es muss heißen: ______________________________

____

5. Aus der „Schwäbischen Zeitung“:
Beim 0:1 im Testspiel gegen den FC Ingolstadt zog sich Matthias Zimmermann einen Kreuzbandriss zu, der eigentlich nach England wechseln wollte.

Es muss heißen: ______________________________

____

deutsch.kombi plus 9, S. 297; 10, S. 75

5 Der folgende Schülertext enthält einige umgangssprachliche Ausdrücke. Unterstreiche sie im Text.

Inhaltsangabe zur Novelle „Michael Kohlhaas“ von Heinrich von Kleist

In diesem Buch da geht es um so einen Typen, der Michael Kohlhaas heißt und Pferde vertickt. Und dann muss er auf so einen Markt, und dann zieht ihm ein Ritter zwei Pferde ab, weil Kohlhaas hat keinen Passierschein. Aber der Ritter hat Kohlhaas verarscht, deswegen will der die Pferde zurück. Doch der Ritter hat die Pferde krass scheiße behandelt, deswegen tut Kohlhaas ihn verklagen. Und dann gibt es kein Geld, und dann versammelt Kohlhaas so ein paar Typen, und dann überfallen sie dem Ritter seine Burg, weil Kohlhaas will so Gerechtigkeit schaffen. Danach, ich schwör, ist er so richtig krass drauf und fackelt eine ganze Stadt ab und tut noch weitere Verbrechen begehen für seine Gerechtigkeit. Am Ende geht das natürlich nicht so wirklich gut aus und so, aber das ist auch nicht so wichtig, weil es geht viel um Gerechtigkeit und man tut sich beim Lesen auch Gedanken machen, wie man selbst handeln würde, wenn so’n Mist passiert.

6 Schreibe den Text neu. Verwende dabei Standardsprache.

Fehler erkennen und korrigieren

1 In der folgenden Stellungnahme sind die Rechtschreib- und Grammatikfehler nicht markiert. Unterstreiche die falschen Wörter und schreibe die richtigen Wörter darüber.

Soll man sich ein Tattoo stechen lassen?

Ich hätte sehr gerne ein schaues Tattoo, und wenn es nur ein Kleines ist. Tatoos sind supi. Aber meine Eltern haben es verboten, da ich noch nicht volljährig bin. Sie sagen auch einige Nachteile. Nun will ich sie überzeugen und stelle dem Vorteile endgegen. Mein Freund ist schon 18 Jahre und hat schon ein kleines, sehr oginelles Tattoo an der Schulter. Man sieht es nur im Sommer, wenn er mit freiem Oberkörper badet. Wenn man sieht es, wird er immer sehr bewundert. Er hat es schon zwei Jahre und keinerlei Schwierigkeiten damit gehabt und ich würde ein solches Tattoo gerne im selben Tatoostudio vom selben Tätowierer stechen lassen. Ich habe mich bei anderen erkundigt; auch andere sind sehr zu frieden. Meine Eltern sagen, dass ich das Tattoo das ganze Leben habe, selbst wenn ich mein Freund schon längst verlassen habe. Dann sei es möglich, dass ich gar nicht mehr durch das Tattoo an ihn erinnert werden möchte. Hierzu ist Folgendes zu sagen: Erstens werden wir uns vorläufig nicht trennen. Zweitens ist das Motiev (eine seltsame Blume) so unauffällig, dass es keinen direkten Bezug nur auf meinen Freund gibt, was zum Beispiel bei einem Schriftzug mit seinem Namen der Fall wäre. Das Tattoo wird mich das ganze Leben an eine wunderschöne Zeit erinnern. Meine Eltern sagen noch, dass mir eventuell krebserregende Farben eingespritzt werden. Dieses Argument läst sich zunächst nicht widersprechen. Dagegen halten würde ich aber, dass man heute krebserregenden Stoffen, zum Beispiel in Plastikmaterialien und in der Umwelt, kaum entgegnen kann. Sollte man deswegen alle schönen Dinge des Lebens meiden? – Natürlich nicht.

«» deutsch.kombi plus 9, S. 292; 10, S. 52, 98

2 Überarbeite Ausdruck und Stil des Textes. Nutze die Checkliste und schreibe den Text einmal vollständig neu auf.

«» deutsch.kombi plus 9, S. 292; 10, S. 52, 98

3 Überarbeite die folgende Figurenbeschreibung.
Nutze dafür die Checkliste.

Gerhard Hauptmann: „Bahnwärter Thiel“ – Figurenbeschreibung

Der Vorname des Bahnwärter Thiel bleibt ungenannt. Thiel gehört dem Kleinbürgertum an. Er ist ziemlich fett. Im Widerspruch zu dieser fetten Gestalt stehen seine Willensschwäche und seine Trägheit, welche beide in sein Verhalten beträchtlich dominieren.

Thiel ist gewissenhaft und pflichtbewusst; seinen Dienst macht er ruhig, pedantisch und mechanisch. Thiel ist ein eifriger und gottesfürchtiger Kirchgänger. Thiel ist phlegmatisch und eigenbrödlerisch; er hat nur zu wenigen Mitbürgern Kontakt, trotzdem er jeden Sonntag zur Kirche geht.

In erster Ehe war er mit der schwächlichen und kränklichen Minna verheiratet. Nach der Geburt ihres Sohnes Tobias starb Minna im Wochenbett.

Nachdem ein Jahr verging, heiratete Thiel die robuste Lene, zu der sich Thiel rein körperlich hingezogen fühlt, aber andererseits sich aber auch von ihr erhofft, das sie seinen Sohn Tobias großzieht ebenso das sie ihren häuslichen Verpflichtungen als Ehefrau nachkommt.
Thiel ist von Lene abhängig und ordnet sich ihr unter. Als Lene einen Sohn, der im Text nie namentlich genannt wird, zur Welt bringt, fühlt Thiel keine väterlichen Gefühle für ihn. Er merkt bald, dass sich Lene nicht genug um Tobias kümmert. Er kann nicht verhindern, dass sie ihn schlecht behandelt. Es zeigt sich schnell, dass sie ihn in der Ehe bestimmt.

Das Bahnwärterhäuchen wird zu einem Rückzugsort an dem er sich an seine erste Frau Minna erinnert, meditiert und Minna religiös verklärt. Thiel flüchtet sich immer mehr in seine Fantasiewelt und wird allmälich völlig irre. Am Ende endet die Geschichte tragich: Thiel wird vollständig irre, wenn sein Sohn vom zug erfasst und getötet wird, und er bringt seine Familie, Lene und den kleinen Sohn, um.

«» deutsch.kombi plus 9, S. 292; 10, S. 52, 98

4 Überarbeite die folgende Gedichtinterpretation.
Nutze dafür die Checkliste.

Theodor Storm: „Die Stadt" – Gedichtinterpretation

In dem Gedicht „Die Stadt von Theodor Storm werden die Wahrnehmungen und Gefühle beschrieben, die das lyrische Ich beim Anblick einer Stadt am Meer verspürt.
Bereits im Titel wird auf Gegenstand der Beschreibung verwiesen, allerdings beschreibt das lyrische Ich nicht die eigentlich wirklich typischen Merkmale einer Stadt wie Gebäude, stattdessen stehen die Sinneseindrücke im Vordergrund, die er mit diesem Ort verbindet.
Das Gedicht besteht aus drei Strophen mit jeweils fünf Versen. In der erste Strophe schildert das lyrische Ich seinen persönlichen Eindruck der Stadt. Dieses ist sehr düster und schwermütig was durch die Anapher „grauen ... grauen" (V. 1) und durch die Personifikation „Der Nebel drückt die Dächer schwer" (V. 3) verdeutlicht wird. Das Bild der Stadt ist wenig einladend sie liegt „seitab" (V. 2), das lyrische Ich nennt sie als „eintönig" (V. 5). Dieser Eindruck ist sehr düster und schwermütig.
In der zweiten Strophe beschreibt das lyrische Ich, was es in der Stadt hört. Diese Eindrücke verstärken die trostlose Stimmung, da „kein Wald [rauscht]" (V. 6), es also keine Natur gibt, stattdessen „weht [nur] das Gras" (V. 10) und gibt dem Ort etwas unheimliches, beinahe deprimierendes, weil das einzige Naturgeräusch ist „die Wandergans mit hartem Schrei" (V. 8). Das ist eine Metapher.
In der letzten Strophe wandelte sich die Stimmung des Gedichts. Das lyrische Ich spricht die Stadt direkt an und das lyrische Ich zeigt seine tiefe Verbundenheit mit dieser Stadt. Grund dafür sind die glücklichen Jugenderinnerungen, die das lyrische Ich immer mit der Stadt verbindet. Die Anaphern „für und für" (V. 13) und „auf dir, auf dir" (V. 14) wirken märchenhaft und verstärken die positiven Gefühle des lyrischen Ichs für die Stadt. Dabei verdrängt das lyrische Ich jedoch nicht die vorher beschriebenen Eindrücke, das lyrische Ich nennt die Stadt immer noch „grau" (V. 15). Jedoch wiegt das Heimatgefühl für das lyrische Ich so schwer, dass am Ende ein eher positiver Eindruck bleibt.
Ich konnte beim lesen des Gedichts die dargestellte Sichtweise gut nach voll ziehen. Ich habe gemerkt dass meine Heimatgefühle sind sehr stark die Verbundenheit mit meinem Heimatort ist groß. Ich kann die Gründe die das lyrische Ich im Gedicht für diese Gefühle anführt gut nachempfinden. Ich will abschließend sagen das Theodor Storm ein Gedicht verfasst hat, welches sowohl die negativen Aspekte dieser Küstenstadt als auch seine Verbundenheit mit dieser Küstenstadt zum Ausdruck bringt.

deutsch.kombi plus 9, S. 292; 10, S. 52, 98

5 Überarbeite das folgende Anschreiben für eine Bewerbung.
Nutze dafür die Checkliste.

Bewerbung um einen Praktikumsplatz

Susanne Winter
Pritzwalker Straße 53
16866 Kyritz

Kyritz, den 16. April 2020

Krankenhaus Kyritz
Personalabteilung
Perleberger Straße 12
16866 Kyritz

Schülerpraktikum

Sehr geehrte Damen und Herren,

Ich gehe in die 9. Klasse der Lindenschule in Neustadt.

Im Zusammenhang mit unserem Schülerpraktikum unserer Schule bewerbe ich mich bei ihnen für ein Praktikumsplatz vom 11.06.–22.06.2020

Ich würde mich gerne bei ihnen vorstellen und würde mich über eine ihre Einladung zu einem Gespräch freuen.

Ich habe mir Ihren Betrieb ausgesucht weil ich mich sehr für Medizien interessiere und später einmal sehr gerne als Krankenschwester arbeiten würde.
Da ich bisher noch keine praktischen Erfarungen in dem Bereich des Pflegedienstes gemacht habe würde ich das Praktikum dazu nutzen um möglichst gute Einblicke in den Arbeitsalltag der PflegerInnen zu bekommen.

Ihr Haus ist mir bereits durch zwei medizienische Behandlungen vertraud wärend der ich ich durch die herzliche Athmosfäre sehr gut aufgehoben fülte.

Mit freundlichen Grüßen

Susanne Winter

Anlagen: Lebenslauf mit Foto, Kopie des letzten Zeugnises

deutsch.kombi plus 9, S. 292; 10, S. 52, 98

«» deutsch.kombi plus 9, S. 292; 10, S. 52, 98

6 Überarbeite den folgenden Praktikumsbericht.
Nutze dafür die Checkliste.

Praktikumsbericht – Tagesbericht

Heute begann mein Arbeitstag in der Hotelküche und zwar um 7.00 Uhr. Ich war Frau Weiß zugeteilt um das Frühstück für ihre Gäste vorzubereiten. Als erstes musste ich in der Küche zwei Melonen halbieren. Dann musste ich die Kerne vorsichtig mit einem Löffel auskratzen. Dann musste ich die Melonen in Streifen schneiden und diese auf Platten legen. Dann zeigte mir Frau Weiß wie man filetiert. Ich filetierte dann einige Apfelsinen. BeimFiletieren muss man die Frucht von ihrer Schale befreien.

Das geht so: Man macht erst einen Einschnitt und schneidet dann mit einem großen scharfen Messer an der Seite der Trennwand runter und an der anderen Seite wieder rauf. Weil das Filetieren bei mir sehr schwer ging half mir Frau Weiß ein bisschen.

Gegen 7.30 Uhr holte ich Joghurt aus dem Kühlraum und rührte ihn dann in der Küche mit Früchten an. Ich musste die Joghurtspeise auch selbst abschmecken. Aber Frau Weiß prüfte noch mal, ob es auch tatsächlich schmeckt. Dann machte ich erst mal Pause. Den Joghurt machte ich mit Kirschen und Mandarienen.

Um 8.30 UIhr musste ich dann die Wurstplatten belegen. Danach musste ich Tomaten vierteln und schnitt Ananas in kleine Stücke. Danach musste man noch Müsli in große Müslischalen schütten und danach noch mit helfen, dass ich die Sachen für das Früstück in den großen Raum für das Früstück zu tragen.

Von 9.30 Uhr bis 9.45 Uhr durfte ich noch mal eine kurze Pause machen.

Nach der Pause habe ich dann die Kaffeemaschiene bedient.

Nachdem das Frühstück beendet wurde, musste ich für den Küchenchef etwa 20 kg Kartoffeln schälen. Das dauerte bis 12.30 Uhr. Dann musste ich die geschälten Kartoffeln noch in Scheiben schneiden. Der Küchenchef sagte das ich meine Arbeit sehr gut gemach habe. Um 14.00 Uhr durfte ich dann entlich nach Hause fahren.

«» deutsch.kombi plus 9, S. 292; 10, S. 52, 98

«» deutsch.kombi plus 9, S. 292; 10, S. 52, 98

7 Überarbeite die folgende Figurenbeschreibung.
Nutze dafür die Checkliste.

Beschreibung von Tschick

In dem Buch „Tschick" gibt es einer Figur, die Tschick heißt. Er ist 14 Jahre alt. Er kommt aus Russland und er hat deutsche Vorfahren. Er ist 14 Jahre alt. Seine Muttersprache ist Russisch, er hat erst in Deutschland Deutsch gelernt. Sein Gesicht wirkt sehr asiatisch, denn er hat so Schlitzaugen. Er hat es in vier Jahren bis auf das Gymnasium geschafft. Seine erste Schule in Deutschland war eine Förderschule. Dass zeigt dem Leser dass er sehr inteligent ist. Man merkt es auch daran, dass er die Sprache gut gelernt hat und versteht alles, was man ihm sagt.
Sein Äußeres sieht irgendwie komisch aus. Maik sagt, dass die Klamotten von Tschick alle sehr billig aussehen. Sein Hemd sieht schmutzig aus, seine Schuhe sehen aus wie toten Tiere. Obwohl Tschick neue Schuhe hat, denken alle, dass er sie geklaut hat.
Über seine Familie erfährt man sehr wenig. Mehrmals erwänt er seinen großen Bruder, der aber nie auftaucht. Über diesen Bruder gibt es echt krasse Stories, z.B. soll er ein Waffenschieber sein. Ein paar so Sachen weiß dieser Bruder scheinbar so doch, denn er hat Tschick gezeigt wie man Autos kurzschließt. Außerdem kann Tschick auch relativ gut Auto fahren, was er auch von seinem Bruder gelernt hat.
Tschick findet keine Freunde, als er neu in der Klasse ist. Allerdings versucht Tschick auch nicht, sich mit jemandem anzufreunden, und Tschick verhält sich im Unterricht total unauffällig und die anderen beachten Tschick nicht weiter. Tschick hat nur ein Problem mit seinem Umfeld; Er trinkt regemäßig Alkohol und kommt dann mit einer Fahne in die Schule. Maik erkennt das schon an seinem ersten Tag in der Schule. Auch seine Mitschüler und die Lehrer haben sehr schnell einen Verdacht, weil er schreibt oft schlechte Noten und dann gute Noten, das hängt davon ab, wann er getrunken hat und wann nicht, wenn er getrunken hat schreibt er eine Fünf, wenn er nicht getrunken hat eine Zwei.
Die meiste Zeit wirkt Tschick wie ein Asi, aber dieser Eindruck täuscht, wie man im Verlauf der Handlung erfährt. Mit Maik werden die beiden gute Freunde, weil Tschick kann auch mitfühlend sein und er macht sich nicht lustig über andere. Wenn er sich komisch benimmt und Witze macht, dann nur in den passenden Situationen. Im echten Leben könnte er ein Mensch sein mit dem man gerne etwas zu tun haben können würde.

«» deutsch.kombi plus 9, S. 292; 10, S. 52, 98

«» deutsch.kombi plus 9, S. 292; 10, S. 52, 98

8 Überarbeite den folgenden Schülertext über Maiks Gedanken.
Nutze dafür die Checkliste.

Interpretation einer Textstelle aus „Tschick“

Maik und Tschick fahren mit einem geklauten Lada durch Deutschland. Bei einem Stopp lernen sie Isa kennen, eine etwas verwahrloste Tramperin. Diese schließt sich den beiden Jungen an.
Sie verbringen mehrere Tage miteinander und besteigen am letzten Tag ihres Zusammenseins den Gipfel eines Berges. Dort steht ein riesiges Holzkreuz. Während sie Buchstaben und Jahreszahlen, u.a. eine Schnitzerei aus dem Jahre 1903, lesen, kommen Maik schwermütige Gedanken über das Altern, den Tod und die Vergänglichkeit.

Trotzdem die gesamte Reise leicht und locker von den beiden Helden genommen wird, hat Maik immer wieder auch schwermütige Gedanken. Hier macht er sich Gedanken über die menschliche Vergänglichkeit und das älterwerden. Am meisten bedrückt ihn der Gedanke, dass alle Jugendlichen ohne Ausnahme unerbittlich älter werden dass eigentlich nichts vom Leben übrig bleibt. Das erste mal denkt Maik über dieses Thema nach, obwohl er eine Reisegruppe mit Senioren sieht. Da kommt ihm der Einfall, dass auch er eines tages so aussehen wird. Bei die Textstelle, wo sie auf dem Berg mit dem Kreuz und den Schnitzereien sind, werden diese Gedanken noch gesteigert. Denn jetzt kommt Maik in den Sinn, dass nach dem Tod nicht viel von einem Menschen übrig bleibt, wenn sich niemand mehr erinnert, weil alle, die einen kennen, auch schon gestorben sind, und nur eine Schnitzerei auf einem Berg übrig bleibt. Das ist etwas besonderes, weil Maik eigentlich in einem Alter ist, in dem man sich noch nicht wirklich viele Gedanken über den Tod und so macht. Deswegen ist es sehr wahscheinlich, dass es ihm zum ersten Mal in den Sinn kommt. Daraus entsteht wahrscheinlich auch die Idee, dass sich Maik, Tschick und Isa in genau fünfzig Jahren wieder auf dem Berg zu treffen. Das Ziel von diesem Vorschlag ist, dass sie sich nicht gegenseitig vergessen, sondern immer aneinander, also auch an die Fahrt mit dem Lada und die damit verbundenen Erlebnisse und die Freundschaft, erinnern. Besonders freut sich Maik darüber, dass die anderen seine Idee nicht für albern halten und sofort zustimen. Zu der Stimmung des Buchs passt es aber auch, dass die Textstelle humorvoll geendet hat, als Tschick die Anfangsbuchstaben der drei in eine Bank schnitzt und Isa einen Scherz dazu macht. Insgesamt dadurch endet die Textstelle sehr optimistisch und erzeugt beim Leser das Gefühl, dass man im Leben doch nicht vergessen wird.

deutsch.kombi plus 9, S. 292; 10, S. 52, 98

9 Überarbeite den folgenden Brief. Nutze dafür die Checkliste.

Einen Abenteuerroman gestaltend erschließen

Im Unterricht wird der Abenteuerroman „Der lange Weg des Lukas B." von Willi Fährmann behandelt. Die Schüler sollten einen fiktiven Brief aus der Sicht der Figur Karl Bienmann schreiben.
Der 14-jährige Lukas Bienmann lebt um 1870 in dem Dorf Liebenberg bei Danzig. Sein Großvater ist Zimmermann, sein Vater Karl ist vor einigen Jahren verschwunden. Dieser hat sich häufig mit dem Großvater gestritten, da er nicht den gleichen Beruf ausüben wollte. Außerdem hat Karl seiner Familie hohe Spielschulden hinterlassen.

Lieber Lukas!
Schon sehr lange plagt mich mein schlechtes Gewissen, dass ich mich noch nie bei dir gemeldet habe. Heute habe ich mich entlich durchgerungen, dir zu schreiben. Sicher hast du von mir bisher nur schlechtes gehört. Und es war ja wirklich auch keine Heldentat die ich da gemacht habe. Ich will auch gar nichts beschönigen. Ich war so tief gesunken dass ich in Liebenberg nicht mehr leben könnte. Alles fing damit an, dass ich eigentlich zu keinem Zeitpunkt auch nur eine einzige Entscheidung über meinen Lebensweg selber treffen konnte. Jahre lang stand ich unter der Knute meines Vaters deines Großvaters der mich immer und überall klein machte, mich zwingen wollte, Zimmermann zu werden und alles zu tun, nur was er wollte. Auf meine Interessen Wünsche Fähigkeiten ging er zu keinem Zeitpunkt ein. Das Leben war ein Graus! Dann habe ich das heil im Alkohol gesucht und natürlich nicht gefunden. Hinzu kam die Spielsucht furchtbar! Ich habe damals nur einen einzigen Ausweg gesehen: Nur weg! Das auswandern fiel mir nicht leicht, jedoch es hat mir auch fiel geholfen. Ich will jetzt keinen riesenlangen Brief schreiben, ich möchte dir nur aus meiner Erfarung heraus raten:
1. Befreie dich aus den Klauen deines Großvaters!
2. Tue das was du willst und nicht was der Alte will!
3. Meide den Alkohol! Meide die Spielerei!
Ich schicke dir einige meiner Bilder die du hoffentlich gut verkaufen kannst. Und sei lieb zu deiner Mutter!

«» deutsch.kombi plus 9, S. 292; 10, S. 52, 98

«» deutsch.kombi plus 9, S. 292; 10, S. 52, 98

10 Überarbeite die folgende Stellungnahme. Nutze dafür die Checkliste.

Sollte man Smartphones in der Schule erlauben?

Erlaubnis von Smartphones in der Schule ist eine gute Idee für Schaffung von Vorteilen:

1. Gutes Sicherheitsgefühl. Eltern sind beruhigt wenn sie die Kinder mit Handy ausrüsten das selbstverständlich immer für Notfälle und so weiter verfügbar sein muss ebenso wie man selbst ja zum Beispiel auf dem Schulweg ein besseres Sicherheitsgefühl hat wenn man das Handy mit hat.

2. Handys fördern Lernen. Schülern (mir auch) macht Lernen mit Handy viel Spaß, was zu mehr Motivation von Schülerinnen und Schüler führt, was zeigen Studien, zu besseren Ergebnissen von Lernen führt, z.B. die Studie „Cell Phones in the Classroom: Teachers‘ Perspective of Inclusion, Benefits and Barriers“ aus dem Magazin „Computers in the Schools“, in der fast 70% der Lehrer angegeben haben, dass sie für Smartphones im Unterricht sind.

3. Smartphones sind ein sehr gutes Hilfsmittel. Die Erlaubnis für Smartphones im Unterricht gibt Möglichkeit des Findens von noch mehr Quellen und Informationen und, was muss selbstverständlich auch in der Schule geübt werden, denn ohne weiteres beherrscht man das nicht.

Was sind Nachteile? Natürlich gibt es bei diesem Thema auch Nachteile, die zu beachten:

1. Smartphones können vom eigentlichen Unterricht ablenken. Ein Nachteil kann wahrscheinlich sein, dass man nicht kann vermeiden, dass Schüler auch manchmal durch Smartphone im Unterricht abgelenkt wird, auch wenn Handys im Unterricht nach Forderung des Lehrers abgestellt und weggepackt werden.

2. Smartphones können benutzt werden, um gegen Regeln verstoßen zu. Sie bieten noch mehr Möglichkeiten, um Sachen zu tun, die nicht in den Unterricht gehören, beispielsweise konnte man heimlich mit Mitschülern schreiben statt Zettel.

3. Smartphones können auch zu Spickzetteln werden, weil man jede Information über das Internet abrufen kann und so wird Schummeln viel einfacher, denn man muss nicht immer einen neuen Spicker schreiben, außerdem lernt man dann nicht mehr, sich bestimmte Sachen zu merken, sondern schreibt halt alles nur vom Smartphone ab.

Fazit: Wenn man nun vergleicht Vorteile und Nachteile, so ist nach meiner Meinung klar, dass die Voteile mehr sind. Heute wegen Nachteile auf Smartphones zu verzichten – das ist nach meiner Meinung weltfremd. Sie gehören halt zum Leben dazu und man muss halt auch lernen was man damit machen tut.

deutsch.kombi plus 9, S. 292; 10, S. 52, 98

«» deutsch.kombi plus 9, S. 292; 10, S. 52, 98

11 Überarbeite die folgende Gedichtinterpretation. Nutze dafür die Checkliste.

Hans Herbert Ohms: „Abends am Fenster“ – Gedichtinterpretation

Das Gedicht „Abends am Fenster“ von Hans Herbert Ohms stellt Betrachtungen und Gefühle dar. Diese entstehen, als sie abends am Fenster steht und auf die Stadt blickt. Das lyrische Ich ist vermutlich eine junge Frau. Sie wohnt in einer Großstadt, vermutlich an einer viel befahrenen Straße. Am Tag kann sie kaum das Fenster öffnen, weil dann zu viel Lärm von PKWs, Bahnen, Lastern, Bussen und Fliegern sowie vom Alltagslärm dieser Stadt ins Zimmer kommen würden. Die junge Frau genießt es vermutlich sehr, abends, wenn sich die Stadt beruhigt hat, am Fenster zu stehen und ein bisschen zu träumen. Sie ist ein gefühlvoller Mensch. Sie wohnt, vermutlich allein im Zimmer und sieht abens die beleuchteten Fenster in den gegenüberstehenden Wohnblocks.

Die junge Frau ist naturverbunden; der Vollmond macht sie ein wenig gerürt. Das Gedicht besteht aus sieben Strophen mit je vier Versen. Es wird in allen Strophen der Kreuzreim verwendet. Auffällig sind die zahlreichen Personifizierungen So wird die laute Großstadt als „Polterstadt bezeichnet. Die Lichter der Häuserblocks sind „gelbe Fenstersterne“, die Lichter der Autos „Autoblitze“, und die Reklameschriftzüge im Dunkeln wird als „blaue Worte und ein Bild darüber“ benannt. Eine Personifikation ist auch, wenn gesagt wird, „Unten schläft die Straße ein … Durch die bildhafte Sprache kann man sich den Anblick der abendlichen Großstadt, durch den das lyrische Ich sogar angeregt wird zum Träumen, gut vorstellen.

Mir gefällt das Gedicht sehr gut.

deutsch.kombi plus 9, S. 292; 10, S. 52, 98

«» deutsch.kombi plus 9, S. 292; 10, S. 52, 98

Rechtschreibung

Kapitel 1

«» S. 6

Beim Schreiben von längeren Texten sind **Flüchtigkeitsfehler** sehr wahrscheinlich. Meistens erkennt man sie sehr schnell. Typische Fehler sind:

- **Vergessene** (z. B. abens), **überflüssige** (z. B. Kleigdung) oder **vertauschte** Buchstaben (z. B. betarchten)
- Falsche **Endungen** (z. B. den statt dem). Diese Fehler sind vom **Satzbau** abhängig. Achtung: Die Rechtschreibprüfung am Computer erkennt diese Fehler nicht immer!
- Vergessene oder überflüssige **Wörter**.

Kapitel 2

«» S. 8

- Signale für die **Großschreibung** eines Wortes (Nomensignale) sind **Artikel** (z. B. der, die, das, dessen, ein), **Possessivpronomen** (z. B. mein, ihr, unser), andere **Pronomen** (z. B. dieser, jeder, kein), **Numerale** (z. B. zwei, drei) und häufig auch **Präpositionen** → ohne Mühe; mit Gefühl.
- **Weitere Signale:** Endet das Wort auf -heit, -keit, -nis, -schaft, -tum oder -ung?
- Lässt sich direkt vor das Wort ein **Adjektiv** setzen, welches sich dabei verändert → ein schöner Baum; ein langes Leben?
- Handelt es sich um die höflichen **Anredepronomen** Sie, Ihr und Ihnen?
- Steht vor einer **Zeitangabe** ein **Artikel** oder ein **Adverb** → der Morgen, gestern Abend?

Kapitel 3

«» S. 10

Die Schreibung von **Eigennamen** unterliegt nicht den allgemeinen Rechtschreibregeln:

- **Adjektive**, die **Bestandteil** eines Eigennamens sind, werden großgeschrieben: → das Rote Meer, der Alte Fritz, Peter der Große.
- Von geografischen Namen abgeleitete Wörter auf **-er** werden immer großgeschrieben: → das Berliner Original, eine Stuttgarter Schule.
- Von Namen abgeleitete Adjektive auf **-isch** schreibt man klein, wenn sie nicht Bestandteil eines Eigennamens sind: → eine sächsische Schule, eine schillersche Ballade (aber: die Sächsische Schweiz).

«» **S. 11**
Namen von **Straßen, Plätzen und Gebäuden** werden
- **zusammengeschrieben**, wenn das Bestimmungswort ein **eingliedriger** Personenname, ein **Substantiv/Nomen** oder ein **nicht-dekliniertes** Adjektiv ist: → Schillerstraße, Postplatz, Altmarkt.
- **getrennt geschrieben**, wenn sie ein **dekliniertes** Adjektiv, eine **Präposition** oder eine **Ableitung auf -er** von einem Orts- oder Ländernamen enthalten: → Lange Straße, Am Neuen Museum, Blankenfelder Straße.
- mit **Bindestrich** geschrieben, wenn das Bestimmungswort ein **mehrgliedriger** Personenname ist: → Heinrich-Heine-Straße, Theodor-Fontane-Platz

Kapitel 4

«» **S. 12**
Wörter mit unhörbarem Dehnungs-h musst du dir gut merken. Das sind Wörter mit den Buchstabenkombinationen **hl**, **hm**, **hn** und **hr.**

Kapitel 5

«» **S. 16**
- Nach einem **kurz gesprochenen Vokal** kommt ein stimmloser s-Laut. Er klingt scharf und zischend: → Stress, Schweiß, Eis.
- Ein stimmhaftes **s** klingt weich und sanft: → leise, eisig.
- Das **s** am Wort- und Silbenende wird immer stimmlos gesprochen: → Kreis, stimmlos, bös (Durch Verlängern kannst du es stimmhaft machen: Kreise, stimmlose Laute, böse Wesen).
- Nach einem **kurzen Vokal** schreibt man das stimmlose **s** als **ss**: → nass, Stress, wissen.
- Nach einem **lang gesprochenen Vokal** schreibt man das stimmlose **s** als **ß**: → Fuß, Spaß.
- Nach **au**, **äu**, **ei**, **eu** schreibt man das stimmlose **s** als **ß**, wenn das **s** beim Verlängern stimmlos bleibt: → Strauß, heiß; Sträuße, heißer

Kapitel 6

«» **S. 20**
- **Fremdwörter** sind Wörter aus anderen Sprachen, die in den deutschen Wortschatz aufgenommen wurden. Ihre Schreibweise wurde **kaum** oder **gar nicht** an die deutsche Sprache **angepasst.** Du musst dir ihre Schreibweisen deshalb gut merken: → Hypothese, liken, Souterrain
- Du erkennst Fremdwörter oft an typischen **Präfixen** (z. B. anti-, syn-, kilo-) oder **Suffixen** (z. B. -ion, -ie, -tät).

Kapitel 7

«» S. 24

Manche **zusammengesetzten Verben** werden beim Konjugieren getrennt. Zwischen den Bestandteilen des Verbs können dann noch weitere Wörter stehen: → vorsehen, nachschauen; Er sieht sich vor, du schaust im Wörterbuch nach

Bei manchen Verben ändert sich die **Bedeutung**, wenn du sie getrennt schreibst: → gut gehen – gutgehen: Mit dieser Verletzung kann er nicht gut gehen – Ohne Plan wird es nicht gutgehen.

Manche Verben werden **nur zusammen**, manche **nur getrennt** geschrieben: → schlafwandeln, schlussfolgern – schwimmen gehen, spazieren fahren

Grammatik

Kapitel 8

«» S. 28

Verben bilden verschiedene **Formen:**

- einen **Infinitiv** (Grundform): → arbeiten, denken, gehen
- ein **Partizip I**/ein **Partizip II:** → arbeitend/gearbeitet, denkend/gedacht, gehend/gegangen
- **Personalformen:** → ich arbeite, er dachte, er ist gegangen.

Verben bilden **Zeitformen:**

Präsens	Perfekt	Präteritum	Plusquamperfekt	Futur
ich arbeite	Ich habe gearbeitet	ich arbeitete	ich hatte gearbeitet	ich werde arbeiten
er denkt	er hat gedacht	er dachte	er hatte gedacht	er wird denken
sie geht	sie ist gegangen	sie ging	sie war gegangen	sie wird gehen

Im Präsens und Präteritum bilden die Verben **einfache** Formen, im Perfekt, Plusquamperfekt und Futur bilden sie **zusammengesetzte** Formen mit **Hilfsverben.**

Man kann über Ereignisse und Handlungen auf den Zeitstufen **Vergangenheit**, **Gegenwart** und **Zukunft** sprechen.

- **Vergangenheit:** → Sie wechselte gestern ihren Arbeitsplatz (Präteritum). Sie hat gestern ihren Arbeitsplatz gewechselt (Perfekt). Sie hatte gestern ihren Arbeitsplatz gewechselt (Plusquamperfekt).
- **Gegenwart:** → Ihre Arbeit beginnt täglich um 7.00 Uhr (Präsens).
- **Zukunft:** → Ich arbeite ab morgen dort (Präsens in Verbindung mit einer **Zeitangabe**). Sie wird ab morgen einen neuen Arbeitsplatz haben (Futur).

Kapitel 9

«» S. 32

Ereignisse und Vorgänge können im **Aktiv** oder im **Passiv** beschrieben werden.

- Wenn man im **Aktiv** formuliert, stehen die ausführenden Personen im Vordergrund: → Schmuggler transportierten ungerösteten Kaffee ins Land.
- Wenn man im **Passiv** formuliert, stehen die Vorgänge oder die beschriebenen Dinge im Vordergrund: → Ungerösteter Kaffee wurde von Schmugglern ins Land transportiert.

Das **Passiv** wird aus der Personalform von **werden** und dem **Partizip II** des Verbs gebildet:
→ Ungerösteter Kaffee wird ins Land transportiert (Präsens).
→ Ungerösteter Kaffee wurde ins Land transportiert (Präteritum).
→ Ungerösteter Kaffee ist ins Land transportiert worden (Perfekt).
→ Ungerösteter Kaffee war ins Land transportiert worden (Plusquamperfekt).
→ Ungerösteter Kaffee wird ins Land transportiert werden (Futur I).
→ Ungerösteter Kaffee wird ins Land transportiert worden sein (Futur II).

Als **Ersatzform** für komplizierte Passivkonstruktionen kann man mit dem Indefinitpronomen *man* Aktivsätze bilden: → Man bezahlte die Spürnasen nach dem Ertrag.

Kapitel 10

«» S. 36

Es gibt zwei Möglichkeiten, um die Äußerungen anderer Personen wiederzugeben.

- Häufig wird die direkte (wörtliche) Rede in **indirekte Rede** umgewandelt. Hierfür benötigt man den **Konjunktiv I** und einen **Einleitungssatz**: → „Ich gehe jetzt". Er sagt, er gehe jetzt.
- Wenn man einen **Fragesatz** in die indirekte Rede umformt, leitet man den Satz entweder mit dem Fragewort **Was** oder, bei **Entscheidungsfragen**, mit dem Wort **ob** ein: → Er fragte mich, was passiert sei. Wir fragten, ob er mitkommen wolle.
- Bei einem **Aufforderungssatz** kann man in der indirekten Rede eine Form des Modalverbs **sollen** verwenden: → Wir baten ihn: „Erzähl uns alles!" Wir baten ihn, dass er uns alles erzählen solle.

- Die zweite Möglichkeit sind **Zitate**. Dabei werden die Äußerungen wortwörtlich wiedergegeben und durch **Anführungszeichen** markiert: → Ich gehe, weil es spät ist. Er geht, „weil es spät ist". Veränderte oder weggelassene Wörter in Zitaten werden durch **eckige Klammern** und **drei Punkte** markiert.

Das **Tempus in der indirekten Rede** richtet sich nach dem Tempus in der direkten Rede. Das Tempus im **Redebegleitsatz** wird nicht verändert.

Kapitel 11

«» S. 40

Mit dem **Modus** des Verbs kann man ausdrücken, wie man etwas sieht oder betrachtet.

- Aussagen im **Indikativ** beschreiben etwas, das tatsächlich existiert: → Der Schriftsteller schreibt einen neuen Roman.
- Der **Konjunktiv I** markiert Aussagen in indirekter Rede: → Der Schriftsteller berichtet, er schreibe gerade einen neuen Roman.
- Aussagen im **Konjunktiv II** beschreiben etwas, das möglich/wünschenswert oder nicht möglich/wirklich ist: → Der Schriftsteller hätte gerne ein Drehbuch geschrieben.
  In der indirekten Rede wird der Konjunktiv II verwendet, wenn Indikativ und Konjunktiv **identisch** sind.
- Aussagen im **Imperativ** sind Aufforderungen: → Schreib einen neuen Roman!

Indikativ	**Konjunktiv**			**Imperativ**
	Konjunktiv I	**Konjunktiv II**	**Ersatzform**	
er kommt	er komme	er käme	er würde kommen	Komm!
sie ist (froh)	sie sei (froh)	sie wäre (froh)	Sie würde (froh) sein	Sei froh!
sie sind (hier)	Sie seien (hier)	Sie wären (hier)	Sie würden (hier) sein	Seid hier!

Die Ersatzform wird verwendet, wenn Indikativ und Konjunktiv **identisch** sind:
→ Sie gehen ins Schwimmbad. Er sagt, sie würden heute ins Schwimmbad gehen.

Kapitel 12

«» S. 42

Es gibt sechs **Modalverben: dürfen**, **können**, **mögen**, **müssen**, **sollen** und **wollen**.
Modalverben **verändern die Aussage eines Satzes**. Dabei wird das Vollverb im Infinitiv gebraucht: → Das kannst du gerne machen!
Die Modalverben zeigen an, ob etwas

- als **Erlaubnis**: → dürfen
- als **Fähigkeit** oder **Möglichkeit**: → können
- als **Wunsch**: → mögen
- als **Verpflichtung** oder **Zwang**: → müssen
- als **Forderung**: → sollen oder
- als **Absicht**: → wollen

verstanden werden soll.

Zeichensetzung

Kapitel 13

«» **S. 44**

Hauptsätze sind selbstständige Sätze. **Nebensätze** können nicht für sich allein stehen. Verbindungen aus Haupt- und Nebensatz nennt man **Satzgefüge.** Haupt- und Nebensatz werden durch **Kommas** voneinander getrennt.

- Nebensätze, die mit einer **Konjunktion** als Einleitewort beginnen, nennt man **Konjunktionalsätze.** Die Wörter **als, wenn, dass, obwohl, während, nachdem, damit, bevor, bis, weil** sind **Konjunktionen.**
- Nebensätze, die ein **Bezugswort** näher erläutern, heißen **Relativsätze.** Sie haben im Satz die Funktion eines Attributs. Relativsätze werden mit einem **Relativpronomen** eingeleitet: → der, die, das, ersetzbar durch welcher, welche, welches. Man kann in manchen Fällen eine Präposition vor das Relativpronomen setzen: → in dem, bei welchem.
- Nebensätze, die durch ein **Fragewort**, z. B. **wo, wohin, wann, wie, warum** oder die Konjunktion **ob** eingeleitet werden, nennt man **indirekte Fragesätze.**

Infinitivgruppen werden mit dem **Infinitiv** und dem Wort **zu** gebildet. Sie werden vom Hauptsatz durch ein Komma getrennt,

- wenn sie mit **um, ohne, statt, anstatt, außer, als** eingeleitet werden: → Er war im Kino, anstatt für die Klassenarbeit zu lernen.
- wenn sie von einem **Substantiv/Nomen** abhängig sind: → Mein Wunsch, dich zu sehen, ging in Erfüllung.
- wenn sie von einem **Verweiswort** abhängen: → Ich freue mich darauf, dich zu sehen.
- um **Missverständnissen** vorzubeugen: → Er versprach, ihr beim Umzug zu helfen.

Kapitel 14

«» **S. 48**

Satzzeichen werden in verschiedenen **Funktionen** verwendet:

- Ein **Punkt** markiert das Satzende und den Abschluss eines Gedankens: → Er verließ das Schulgebäude.
- Ein **Komma** verbindet Sätze und zeigt so, dass ein Gedanke weitergeführt wird: → Er verließ das Schulgebäude, stieg auf sein Fahrrad und fuhr davon. Außerdem trennt es Haupt- und Nebensätze, Attribute und Aufzählungen und erleichtert so das Lesen.
- Ein **Semikolon** trennt stärker als ein Komma, aber weniger stark als ein Punkt: → Er verließ das Schulgebäude; mit seinem Rad kam er schnell nach Hause.
- Ein **Doppelpunkt** leitet Aufzählungen, Zusammenfassungen und wörtliche Rede ein: → Folgendes war geschehen: Er verließ das Schulgebäude, stieg auf sein Fahrrad und fuhr davon.
- **Klammern** markieren Zusatzinformationen: → Er verließ das Schulgebäude (Haus II) und fuhr nach Hause. Ein **Gedankenstrich** kann die gleiche Funktion haben, er verdeutlicht auch eine Sprechpause oder ein unerwartetes Ereignis: → Er verließ das Schulgebäude – da sah er, dass sein Rad fehlte.

Ausdruck und Stil

Kapitel 15; Kapitel 19

«» S. 50; S. 74

In informierenden und argumentierenden Texten werden Argumente und Zusammenhänge nicht nur inhaltlich, sondern auch **sprachlich** miteinander verknüpft. Das erreicht man durch:

- **Einleitungen** für Sätze: → Meiner Meinung nach ...; Ich bin der Ansicht, dass ...
- **Verknüpfungen**: → einerseits ..., andererseits ...; trotz ... möchte ich darauf hinweisen, dass ...; nicht nur ..., sondern auch ...
- **unterordnende Konjunktionen**: → weil, obwohl, außerdem, dabei
- **Relativsätze**: → Das Problem, das viele Jugendliche betrifft, ...

Kapitel 16

«» S. 56

In fachsprachlichen Sachtexten werden oft **Nomen-Verb-Verbindungen** anstelle von Verben verwendet. Man bezeichnet das als **Nominalstil**: → Er erklärt, wie man Pflanzen systematisch beschreibt. – Er liefert eine Erklärung für die systematische Beschreibung von Pflanzen.

Der Nominalstil ermöglicht in manchen Fällen **genauere Beschreibungen**. Allerdings sind Texte im Nominalstil **länger** und manchmal **schwierig zu verstehen**, da auf diese Weise sehr komplizierte Sätze entstehen können.

Kapitel 17; Kapitel 18

«» S. 60; S. 68

Wenn die Sätze in einem Text immer gleich aufgebaut sind, wirkt dieser schnell uninteressant. Es gibt verschiedene Möglichkeiten, um einen Text **abwechslungsreich** zu gestalten und dadurch den Stil zu verbessern:

- Verschiedene **Satzstellungen** nutzen: → in einem Satzgefüge kann der Hauptsatz oder der Nebensatz an erster Stelle stehen.
- Verschiedene **Arten von Nebensätzen** einsetzen: → Konjunktionalsätze, Relativsätze, dass-Sätze, Infinitivkonstruktionen, es-Sätze.
- **Attribute** als Erweiterung oder als Ersatz für ein Subjekt nutzen: → Der Roboter fährt durch die Bibliothek. (Der Roboter) Die Maschine findet das richtige Regal. Ein Buch kann (der Roboter) der schlaue Apparat, der von den Studenten programmiert wurde, noch nicht aus dem Regal holen.

Kapitel 17; Kapitel 18; Kapitel 19

«» S. 64; S. 68; S. 78

Logische Fehler entstehen meistens durch falsche **Bezüge** in einem Satz.
Typische Fehlerquellen sind:

- Reihenfolge von **Hauptsatz und Nebensatz**: → Im letzten Jahr wurden gleich drei Banken von Räubern heimgesucht, die viel Bargeld gelagert hatten. – Im letzten Jahr wurden gleich drei Banken, die viel Bargeld gelagert hatten, von Räubern heimgesucht.
- Reihenfolge der **Satzglieder**: → Gesucht wird ein Sauerstoffgerät zur Beatmung der Firma steramed. – Gesucht wird ein Sauerstoffgerät der Firma steramed zur Beatmung.
- **Kommasetzung**: → Komm, wir essen Oma. – Komm, wir essen, Oma.
- Falsch verwendete **Adjektive**: → die geistliche Entwicklung des Kindes – die geistige Entwicklung des Kindes.

Kapitel 19

«» S. 79

In einer Sprache gibt es mehrere Arten, wie man sprechen kann (**Varietäten**). Bei unterschiedlichen **Anlässen** benutzt man unterschiedliche Varietäten. Wenn man miteinander spricht, benutzt man in der Regel **Umgangssprache**. In geschriebenen Texten benutzt man dagegen **Standardsprache**.
In geschriebenen Texten sollte man folgende Formulierungen und Satzkonstruktionen aus der Umgangssprache vermeiden:

- Typische umgangssprachliche **Ausdrücke**: → krass, abziehen
- **Füllwörter**: → eigentlich, halt, so
- **Einschübe**: → ich schwör, ich sag dir
- **Wortwiederholungen**: → und so …, und so …
- **Auslassungen**: → Walachei fahren
- **Verschleifungen**: → so'n (so ein)
- mit **weil** eingeleitete Hauptsätze: → weil er weiß nicht, wo …
- Verbindungen von Verben mit **tun**: → wissen tun
- **Lange Satzgefüge** mit vielen Nebensätzen.

Die Umgangssprache kann sich relativ **schnell verändern**. Häufig ist sie auch **regional unterschiedlich**. Mit der Zeit können Ausdrücke aus der Umgangssprache auch in die Standardsprache **übernommen werden**.

Grundform	Präsens	Präteritum	Perfekt
befehlen	du befiehlst	ich befahl	ich habe befohlen
beißen	du beißt	ich biss	ich habe gebissen
biegen	du biegst	ich bog	ich habe gebogen
binden	du bindest	ich band	ich habe gebunden
bitten	du bittest	ich bat	ich habe gebeten
blasen	du bläst	ich blies	ich habe geblasen
bleiben	du bleibst	ich blieb	ich bin geblieben
brechen	du brichst	ich brach	ich habe gebrochen
brennen	du brennst	ich brannte	ich habe gebrannt
bringen	du bringst	ich brachte	ich habe gebracht
denken	du denkst	ich dachte	ich habe gedacht
dürfen	du darfst	ich durfte	ich habe gedurft
empfehlen	du empfiehlst	ich empfahl	ich habe empfohlen
essen	du isst	ich aß	ich habe gegessen
fahren	du fährst	ich fuhr	ich bin gefahren
fallen	du fällst	ich fiel	ich bin gefallen
fangen	du fängst	ich fing	ich habe gefangen
finden	du findest	ich fand	ich habe gefunden
fliegen	du fliegst	ich flog	ich bin geflogen
fliehen	du fliehst	ich floh	ich bin geflohen
fließen	es fließt	es floss	es ist geflossen
fressen	es frisst	es fraß	es hat gefressen
frieren	du frierst	ich fror	ich habe gefroren
geben	du gibst	ich gab	ich habe gegeben
gehen	du gehst	ich ging	ich bin gegangen
geschehen	es geschieht	es geschah	es ist geschehen
gewinnen	du gewinnst	ich gewann	ich habe gewonnen
gießen	du gießt	ich goss	ich habe gegossen
graben	du gräbst	ich grub	ich habe gegraben
greifen	du greifst	ich griff	ich habe gegriffen
haben	du hast	ich hatte	ich habe gehabt
halten	du hältst	ich hielt	ich habe gehalten
hauen	du haust	ich haute	ich habe gehauen
heißen	du heißt	ich hieß	ich habe geheißen
helfen	du hilfst	ich half	ich habe geholfen
kennen	du kennst	ich kannte	ich habe gekannt
klingen	es klingt	es klang	es hat geklungen
kommen	du kommst	ich kam	ich bin gekommen
können	du kannst	ich konnte	ich habe gekonnt
kriechen	du kriechst	ich kroch	ich bin gekrochen
lassen	du lässt	ich ließ	ich habe gelassen
laufen	du läufst	ich lief	ich bin gelaufen
lesen	du liest	ich las	ich habe gelesen
liegen	du liegst	ich lag	ich habe gelegen
lügen	du lügst	ich log	ich habe gelogen
messen	du misst	ich maß	ich habe gemessen
mögen	du magst	ich mochte	ich habe gemocht
müssen	du musst	ich musste	ich habe gemusst
nehmen	du nimmst	ich nahm	ich habe genommen

Grundform	Präsens	Präteritum	Perfekt
pfeifen	du pfeifst	ich pfiff	ich habe gepfiffen
raten	du rätst	ich riet	ich habe geraten
reißen	du reißt	ich riss	ich habe gerissen
reiten	du reitest	ich ritt	ich bin geritten
rennen	du rennst	ich rannte	ich bin gerannt
riechen	du riechst	ich roch	ich habe gerochen
rufen	du rufst	ich rief	ich habe gerufen
schieben	du schiebst	ich schob	ich habe geschoben
schießen	du schießt	ich schoss	ich habe geschossen
schlafen	du schläfst	ich schlief	ich habe geschlafen
schlagen	du schlägst	ich schlug	ich habe geschlagen
schleichen	du schleichst	ich schlich	ich bin geschlichen
schließen	du schließt	ich schloss	ich habe geschlossen
schneiden	du schneidest	ich schnitt	ich habe geschnitten
schreiben	du schreibst	ich schrieb	ich habe geschrieben
schreien	du schreist	ich schrie	ich habe geschrien
schweigen	du schweigst	ich schwieg	ich habe geschwiegen
schwimmen	du schwimmst	ich schwamm	ich bin geschwommen
sehen	du siehst	ich sah	ich habe gesehen
sein	du bist	ich war	ich bin gewesen
singen	du singst	ich sang	ich habe gesungen
sinken	du sinkst	ich sank	ich bin gesunken
sitzen	du sitzt	ich saß	ich habe gesessen
sprechen	du sprichst	ich sprach	ich habe gesprochen
springen	du springst	ich sprang	ich bin gesprungen
stechen	du stichst	ich stach	ich habe gestochen
stehen	du stehst	ich stand	ich habe gestanden
stehlen	du stiehlst	ich stahl	ich habe gestohlen
steigen	du steigst	ich stieg	ich bin gestiegen
sterben	er stirbt	er starb	er ist gestorben
stinken	es stinkt	es stank	es hat gestunken
stoßen	du stößt	ich stieß	ich habe gestoßen
streichen	du streichst	ich strich	ich habe gestrichen
streiten	du streitest	ich stritt	ich habe gestritten
tragen	du trägst	ich trug	ich habe getragen
treffen	du triffst	ich traf	ich habe getroffen
trinken	du trinkst	ich trank	ich habe getrunken
tun	du tust	ich tat	ich habe getan
vergessen	du vergisst	ich vergaß	ich habe vergessen
verlieren	du verlierst	ich verlor	ich habe verloren
verzeihen	du verzeihst	ich verzieh	ich habe verziehen
wachsen	du wächst	ich wuchs	ich bin gewachsen
waschen	du wäschst	ich wusch	ich habe gewaschen
werden	du wirst	ich wurde	ich bin geworden
werfen	du wirfst	ich warf	ich habe geworfen
wissen	du weißt	ich wusste	ich habe gewusst
ziehen	du ziehst	ich zog	ich habe gezogen
zwingen	du zwingst	ich zwang	ich habe gezwungen

Verb	Präposition		Beispiel
abhängen	von	+ Dativ	„Gehst du mit zum Baden?“ – „Das hängt vom Wetter ab.“
achten	auf	+ Akkusativ	Wir achten auf eine lesbare Handschrift.
anfangen	mit	+ Dativ	Sie wollen mit der Diskussion anfangen.
ankommen	auf	+ Akkusativ	Es kommt auf jeden Schüler an.
antworten	auf	+ Akkusativ	Antwortet auf jede Frage!
sich ärgern	über	+ Akkusativ	Ich habe mich sehr über ihn geärgert.
aufhören	mit	+ Dativ	Hört endlich mit dem Streiten auf!
aufpassen	auf	+ Akkusativ	Pass auf deine Sachen auf!
sich aufregen	über	+ Akkusativ	Warum regst du dich über ihn auf?
ausgeben	für	+ Akkusativ	Er gibt sein ganzes Geld für Klamotten aus.
sich bedanken	bei für	+ Dativ + Akkusativ	Sie bedankte sich bei ihren Eltern für die Hilfe.
sich bemühen	um	+ Akkusativ	Bemüht euch um eine deutliche Aussprache!
berichten	über	+ Akkusativ	Die Zeitung berichtete über den Vorgang.
sich beschweren	bei über	+ Dativ + Akkusativ	Sie hat sich bei meiner Mutter über mich beschwert.
bestehen	aus	+ Dativ	Die Prüfung besteht aus einem Aufsatz und einem Referat.
sich beteiligen	an	+ Dativ	Alle beteiligen sich an dem Wettkampf.
sich bewerben	um	+ Akkusativ	Sie bewerben sich um einen Praktikumsplatz.
bitten	um	+ Akkusativ	Er bat alle um einen Beitrag.
denken	an	+ Akkusativ	Hast du an mich gedacht?
diskutieren	über	+ Akkusativ	Wir diskutieren oft über die Schule.
einladen	zu	+ Dativ	Ich möchte dich zur Geburtstagsfeier einladen.
sich entscheiden	für	+ Akkusativ	Für welches Thema entscheidet ihr euch?
sich entschließen	zu	+ Dativ	Sie entschlossen sich zu einer Winterwanderung.
sich entschuldigen	bei für	+ Dativ + Akkusativ	Er muss sich bei ihm für sein Verhalten entschuldigen.
erfahren	von	+ Dativ	Warum erfahre ich erst heute von dieser Sache?
sich erholen	von	+ Dativ	Hier kann man sich von den Anstrengungen erholen.
sich erinnern	an	+ Akkusativ	Erinnerst du dich an mich?
erkennen	an	+ Dativ	Die Fans erkennt man an den roten Mützen.
sich erkundigen	nach	+ Dativ	Sie hat sich nach dir erkundigt.
erschrecken	über	+ Akkusativ	Erschrick nicht über meine Haarfarbe!
erzählen	über von	+ Akkusativ + Dativ	Sie erzählen viel über ihren Urlaub. Sie erzählen viel von ihrem Urlaub.
fragen	nach	+ Dativ	Er fragt nie nach den Hausaufgaben.
sich freuen	auf über	+ Akkusativ + Akkusativ	Wir freuen uns auf die Ferien. Ich habe mich sehr über deine Karte gefreut.
gehören	zu	+ Dativ	Welche Länder gehören zur Europäischen Union?
gewöhnen	an	+ Akkusativ	Sie muss sich erst an die Familie gewöhnen.
gratulieren	zu	+ Dativ	Wir gratulieren dir zu deinem Erfolg.
sich handeln	um	+ Akkusativ	Es handelt sich um eine vertrauliche Sache.
handeln	von	+ Dativ	Das Buch handelt von einem kleinen Mädchen.
helfen	bei	+ Dativ	Wer hat dir bei den Hausaufgaben geholfen?
hindern	an	+ Dativ	Die Musik hindert mich an der Arbeit.
hoffen	auf	+ Akkusativ	Ich hoffe auf einen Zufall.
hören	von	+ Dativ	Hast du etwas von ihr gehört?

Verb	Präposition		Beispiel
sich informieren	über	+ Akkusativ	Informiere dich im Internet über das Buch!
sich interessieren	für	+ Akkusativ	Wir interessieren uns für die politischen Fragen.
klagen	über	+ Akkusativ	Sie klagen über das schlechte Essen.
kämpfen	für um	+ Akkusativ + Akkusativ	Diese Gruppe kämpft für gleiche Rechte. Sie kämpfen um das Leben des Patienten.
sich kümmern	um	+ Akkusativ	Habt ihr euch auch um die Einladung gekümmert?
lachen	über	+ Akkusativ	Warum lachst du immer über mich?
leiden	an unter	+ Dativ + Dativ	Er leidet an einer seltenen Krankheit. Er leidet unter dem Erfolgsdruck.
nachdenken	über	+ Akkusativ	Denkt nicht erst über die Vorteile nach!
protestieren	gegen	+ Akkusativ	Sie protestieren gegen ihre Entlassung.
rechnen	mit	+ Dativ	Ich rechne mit einer Zwei in der Arbeit.
reden	über von	+ Akkusativ + Dativ	Sie redet nicht gerne über diese Sache. Er redet die ganze Zeit von seiner Freundin.
sagen	über zu	+ Akkusativ + Dativ	Hat sie etwas über mich gesagt? Zu diesem Thema kann ich leider nichts sagen.
schimpfen	über	+ Akkusativ	Schimpf nicht immer über die anderen!
schreiben	an über	+ Akkusativ + Akkusativ	Sie schreibt eine Mail an ihren Freund. Hat sie dir über unser Treffen geschrieben?
sein	für gegen	+ Akkusativ + Akkusativ	Ich bin für ein Handyverbot in der Schule. Ich bin gegen einheitliche Schulkleidung.
sorgen	für	+ Akkusativ	Wer sorgt jetzt für die Kinder?
sprechen	mit über	+ Dativ + Akkusativ	Wir sprachen mit dem Autor über sein Buch.
streiten	mit über	+ Dativ + Akkusativ	Warum musst du immer mit mir streiten? Über diese Sache lässt sich streiten.
teilnehmen	an	+ Dativ	Wirst du an der Versammlung teilnehmen?
telefonieren	mit	+ Dativ	Mit wem telefonierst du?
sich treffen	mit zu	+ Dativ + Dativ	Sie hat sich mit mir getroffen. Wir treffen uns dort zu einer kleinen Beratung.
sich überzeugen	von	+ Dativ	Überzeuge dich selbst von ihrem Können!
sich unterhalten	mit über	+ Dativ + Akkusativ	Ich unterhalte mich gerne mit ihm über neue Filme.
sich verabreden	mit	+ Dativ	Er ist mit seiner Freundin verabredet.
sich verabschieden	von	+ Dativ	Ich muss mich jetzt von Ihnen verabschieden.
vergleichen	mit	+ Dativ	Vergleiche den Hauptsatz mit dem Nebensatz.
sich verlassen	auf	+ Akkusativ	Ich habe mich fest auf deine Hilfe verlassen.
sich verlieben	in	+ Akkusativ	Er verliebte sich sofort in sie.
sich verstehen	mit	+ Dativ	Wie versteht ihr euch mit ihm?
verstehen	von unter	+ Dativ + Dativ	Sie versteht viel von der modernen Kunst. Was verstehst du unter diesem Begriff?
sich vorbereiten	auf	+ Akkusativ	Wir haben uns gut auf die Arbeit vorbereitet.
warnen	vor	+ Dativ	Alle haben mich vor den Hunden gewarnt.
warten	auf	+ Akkusativ	Auf wen wartest du?
wissen	von	+ Dativ	Ich habe nichts von dieser Aufgabe gewusst.
sich wundern	über	+ Akkusativ	Ich wundere mich über diesen Termin.
zuschauen, -sehen	bei	+ Dativ	Darf ich Ihnen bei der Arbeit zuschauen (zusehen)?
zweifeln	an	+ Dativ	Ich zweifle an deiner Zuverlässigkeit.

Begriff	Erklärung	Beispiel
Adjektiv, das	Eigenschaftswort; Adjektive kommen häufig zusammen mit einem Artikel und einem Substantiv/Nomen vor, dann werden sie dekliniert.	das *große* Haus Das Haus ist *groß*.
Adverb, das	Umstandswort, bezeichnet die Umstände eines Geschehens näher	*heute, sehr, dort, allein, …*
Adverbialbestimmung, die	Satzglied; Umstandsbestimmung z. B. des Ortes, der Zeit, der Art und Weise oder des Grundes; antwortet auf die Fragen Wo? Wohin? Wann? Wie lange? Wie? Auf welche Art und Weise? Warum?	Er kam *dahin*. (Ort) Sie treffen sich um *9 Uhr*. (Zeit) Es regnete *ununterbrochen*. (Art und Weise)
Akkusativ, der	Kasus (Fall); Wen-Fall, 4. Fall	Er trifft *einen Freund*.
Anredepronomen, das	Anredefürwort	du, ihr, Sie, Ihnen
Artikel, der bestimmte	Begleiter zum Substantiv/Nomen *der, die, das, die*	*der* Tisch, *die* Kommode, *das* Bett
Artikel, der unbestimmte	Begleiter zum Substantiv/Nomen *ein, eine*	*ein* Tisch, *eine* Kommode, *ein* Bett
Aufforderungssatz, der	Einen Aufforderungssatz verwendet man, wenn man jemanden zu etwas auffordert oder um etwas bittet. Nach einem Aufforderungssatz steht oft ein Ausrufezeichen.	*Gib mir bitte das Heft!*
Aussagesatz, der	Einen Aussagesatz verwendet man, wenn man etwas mitteilen möchte.	Rita wohnt in Mannheim. Maries Freundin spielt Basketball.
Dativ, der	Kasus (Fall); Wem-Fall, 3. Fall	Sie hilft *ihrem Großvater*.
Deklination, die	Deklination ist die Veränderung von Wortformen durch Endungen; Artikel, Adjektive, Substantive/Nomen und Pronomen können dekliniert werden	*Der* klein*e* Hund bellt. Ich streichle *den* Kopf *des* groß*en* Hund*es*.
Endbaustein, der (Suffix, das)	der Wortteil, der bei zusammengesetzten Wörtern nach dem Wortstamm verwendet wird	-bar, -ig, -isch, -lich, -los, -sam, -en, -eln, -ern, -er, -heit, -keit, -nis, -ung, -tum, -schaft
Fragesatz, der	Einen Fragesatz verwendet man, wenn man etwas wissen möchte.	Kommst du aus Italien? Was möchtest du trinken?
Futur, das	Zeitform des Verbs zum Ausdrücken der Zukunft	ich *werde singen* du *wirst kommen*
Genitiv, der	Kasus (Fall); Wes-Fall, 2. Fall	die Bücher – *der Bücher*
Hauptsatz, der	selbstständiger Satz, kann für sich allein stehen	Das Haus dort drüben ist rot.
Hilfsverb, das	Verb, das auch zur Bildung von Zeitformen gebraucht wird; zur Bildung des Perfekts zum Beispiel braucht man die Hilfsverben *sein* und *haben*	Sie *ist* gegangen. Er *hat* gearbeitet.
Infinitiv, der	Grundform des Verbs; die Form des Verbs, die nicht konjugiert (gebeugt) ist	*schwimmen, lachen, sagen*
Kasus, der	Fall; es gibt im Deutschen vier Kasus: Nominativ, Genitiv, Dativ und Akkusativ	*der* Freund (Nominativ), *des* Freund*es* (Genitiv), *dem* Freund (Dativ), *den* Freund (Akkusativ)
Konjugation, die	Beugung; Verben werden konjugiert, wenn sie mit *ich, du, er/sie/es, wir, ihr, sie* kombiniert werden	ich geh*e*, du spiel*st*, er/sie/es geh*t* wir frag*en*, ihr helf*t*, sie sing*en*
Konjunktion, die	Bindewort, verbindet Satzteile oder Teilsätze	und, oder, aber, sondern, denn, als, bis, weil, wenn, obwohl, dass
Nebensatz, der	unselbstständiger Satz, kann nicht allein stehen	Ich esse gerne die Suppe, *die ich mir gekocht habe.*
Nominativ, der	Kasus (Fall); Wer-Fall, 1. Fall	*Der Mann* geht nach Hause.
Objekt, das	Satzergänzung, Satzglied, z. B. Akkusativobjekt (*Wen* oder *was*?), Dativobjekt (*Wem*?)	Er traf *Paul*. (*Wen* oder *was*?) Sie gibt *ihm* etwas. (*Wem*?)
Perfekt, das	Zeitform des Verbs zum Ausdrücken der Vergangenheit	Sie *hat* das Buch *gelesen*. Max *ist* mit dem Bus *gefahren*.
Personalpronomen, das	Personalpronomen sind: *ich, du, er, sie, es – wir, ihr, sie.* Je nach Kasus verändern Personalpronomen ihre Form, z. B. *mich, dich, …*	*Er* fragte *mich* nach dem Weg. *Wir* helfen *dir*.